RUDOLF BUBNER

CHRISTOLOGIE UND EVOLUTION

ENTWICKLUNGSSCHRITTE VOM REICH
DER MENSCHEN
ZUM REICH DES CHRISTUS

URACHHAUS

CIP-Kurztitelaufnahme der Deutschen Bibliothek

Bubner, Rudolf:

Christologie und Evolution : Entwicklungsschritte vom Reich d. Menschen zum Reich d. Christus / Rudolf Bubner. – Stuttgart : Urachhaus, 1985.

ISBN 3-87838-411-4

ISBN 3 87838 411 4

Zeichnungen von Walter Kraft.
Schutzumschlag von Hans Joachim, Stuttgart.
Satz und Druck der Offizin Chr. Scheufele, Stuttgart.

Inhalt

Dritter Teil

JESUS CHRISTUS – WAHRER MENSCH UND WAHRER GOTT

Vierter Teil

DIE MENSCHHEIT ALS REICH ALLER ERDENREICHE UND ALS BRÜCKE ZU EINER NEUEN STUFE IHRER EVOLUTION

Einleitung

Der Titel des Buches läßt erkennen, daß der Christus als ein neues Reich in der Stufenfolge der Erdenreiche verstanden wird. Sein Erscheinen mitten in der Geschichte der Menschheit bedeutet für die Architektur der Reiche ihre höchste Steigerungsstufe. Hier wird das letzte Ziel in der Evolution des Erdorganismus sichtbar. Diese Aussagen überzeugend zu begründen, ist ein Teil der Aufgabe, die mit dem Titel gestellt ist.

Aus diesen Zusammenhängen ergibt sich die Frage: Was kann die Evolution der Architektur, was können ihre Stilgesetze und Entwicklungswege über das Wesen des neuen und letzten Reiches, über den Jesus Christus sagen? Welches Licht empfängt eine Christologie von den Prinzipien der Evolution?

Die Evolution, von der hier die Rede sein wird, ist in erster Linie die Entwicklung der Architektur, also der Stufenfolge der Reiche. Unlöslich damit verbunden ist die Evolution der Lebewesen dieser Reiche, das Erscheinen immer neuer und anderer Typen und Formen bei Pflanze und Tier. In der Gipfelregion der Architektur kommen sich diese beiden Wege immer näher und wachsen schließlich zusammen. Beim Menschen sind die Wege des Reiches und die der Individualitäten so nahe gekommen, daß sie sich als die zwei Naturen durchdringen. Die unendlich reiche Evolution der Individualitäten durch alle Inkarnationen und Reinkarnationen vollzieht sich in dem engen Rahmen einer einzigen biologischen Art. Diese Angleichung erreicht ihre höchste Stufe in dem neuen Reich des Christus. Hier wird eine einzige Individualität identisch mit dem Reich, das Reich als Person, die Person als das Reich.

Die Evolutionsschritte in der Gipfelregion werden uns besonders beschäftigen, die Ereignisse in und zwischen diesen beiden Reichen, dem Reich der vielen Menschen und dem Reich dieses einen Menschen aller Menschen, des Jesus Christus.

In bezug auf die christologischen Probleme ist die vorliegende Arbeit eine Weiterführung von Gedanken, die vom Verfasser in seinem Buch »Evolution, Reinkarnation, Christentum« behandelt worden sind.[1] Was dort noch nicht gesagt ist und zum Teil auch noch nicht gesehen wurde, wird hier ausgeführt. Doch ist das Buch so angelegt, daß es ganz aus sich heraus, ohne Kenntnis des ersten verstanden werden kann.

Wir beginnen mit dem Menschen, mit seiner Einheitsgestalt als Art und als Reich, in der das Phänomen seiner geeinten Zweinatur deutlich sichtbar wird. Denn als Art, als Species, ist er auch ein Reich, und als Reich ist er nur diese eine und einzige Art. Die geeinte Zweinatur ist das vorläufige Ende eines langen Entwicklungsweges, ist wie ein Samen, der nicht nur die Vergangenheit in sich birgt, sondern auch den Beginn einer neuen Zukunft.

Wird das Erscheinen des Christus als ein neues Reich verstanden, dann ist damit schon der größte Schritt in die Zukunft getan. Dieser Evolutionsschritt beginnt mit den vielen Menschen und hat sein Ziel in dem einen Menschen aller Menschen, in dem Christus. Es ist also ein Weg von den Vielen zu dem Einen. Dieser große Schritt von Reich zu Reich kann aber nicht ohne kleinere, verborgene, vorbereitende und verbindende Schritte getan worden sein.

Was sich auf diesem Weg zwischen den beiden Reichen ereignet hat, gehört zu den großen Rätseln der Christologie. Denn die Evangelien berichten von zwei verschiedenen Jesus-Geburten und dann aber nur von dem einen Jesus von Nazareth, der erst während der Taufe im Jordan den Christus in sich aufgenommen hat.

In den Kapiteln 6 bis 12 des Buches kreisen die Gedanken um dieses Thema, das zu den umstrittensten und auch anstößigsten Fragen der Christologie gehört, um die Tatsache, daß Matthäus eine andere Jesus-Geburt erzählt als Lukas. Sind es nur fromme Legenden, die für das Wesen des Jesus-Christus eine untergeordnete Bedeutung haben, oder sind es historische Wahrheiten? Sind es Schritte und Stufen in der Entwicklung der Jesus-Natur und damit entscheidende und vorbereitende Ereignisse für die Inkarnation des Christus in dem Jesus?

In das Dunkel dieser Rätselfragen hat Rudolf Steiner aus seiner Geistesforschung zum ersten Male Licht gebracht. Seitdem wurde dieses Thema zum Gegenstand vielfältiger Erörterungen.

Und auch ein anderes, sehr altes und ebenfalls sehr anstößiges Problem wird aus dem Gang der Betrachtungen deutlich erkennbar. Es ist die Anschauung, daß die Geburt des Christus sich erst während der Jordan-Taufe des Jesus ereignet hat, daß sich in diesem Ereignis Menschliches und Göttliches zu der geeinten Zweinatur des Jesus Christus, des Christus in dem Jesus verbunden hat, so daß man sehr wohl zwischen dem Jesus und dem Christus unterscheiden muß.

Umstritten ist auch die Frage, ob es von der Bibel her überhaupt berechtigt und erlaubt ist, das Erscheinen des Christus in einen Zusammenhang mit den Problemen und Phänomenen einer naturhaft weltlichen Evolution zu bringen. Doch wenn es im Prolog des Johannes-Evangeliums heißt, daß der Logos in sein eigenes Werk eingezogen ist, daß das Wort Fleisch wurde und unter uns gewohnt hat, dann ist der Gedanke einer Evolution, in der der Christus als Ziel aller Wege mit enthalten ist und erkennbar wird, nicht nur berechtigt, sondern er wird geradezu gefordert.

Doch in der vorliegenden Arbeit gehen wir nicht von theologischen Überlegungen aus und auch nicht von Traditionen, sondern von den Stilprinzipien der Weltarchitektur. Es geht um den Versuch, die Rätselfragen an den Evolutions-Schritten dieser Architektur zu prüfen, sie mit den Prinzipien der Evolution zu beleuchten. Denn wir suchen den Nachweis, daß die Probleme und Phänomene schon wie Runen in die Schöpfung eingeschrieben sind. Dort kann man schon erkennen, was erwartet werden darf und dann auch tatsächlich eingetroffen ist. Der Mensch vermag zunächst nur schattenhaft Zusammenhänge zu ahnen und zu entdecken, deren volle Wirklichkeit dem geistig Schauenden und übersinnlich Forschenden zugänglich sind. So steht man staunend vor der Tatsache, daß Weltgeheimnisse in die Strukturen der physischen Welt eingeprägt sind, dort gefunden und als Runen gelesen werden können. Deshalb ist man berechtigt, Aussagen zu wagen, die zur Christologie gehören. Sie wollen nicht Heiliges respektlos berühren oder nur intellektuell lieblos betasten.

Es gilt zunächst nur zu beschreiben, was sich als Konsequenzen aus den Stilprinzipien der Architektur und ihrer Evolution ergibt. Denn in dem Aufbau der Naturreiche mit dem Menschen als blütenhafter Spitze lassen sich Stilprinzipien erkennen, die es erlauben, von einer Architektur des Ganzen zu sprechen, und die es weiter möglich machen, auch etwas von der Geschichte dieser Architektur zu erkennen, von den Werdewegen aus fernen Vergangenheiten bis hin in ferne Zukünfte. Und es gilt zu prüfen, ob man in dem Gefundenen etwas von dem wiedererkennt, was aus ganz anderen Quellen, aus übersinnlicher Forschung geflossen ist und gefunden wurde.

Von Rudolf Steiner gibt es einen Vortrag vom 13.5.1908 mit dem Titel: »Das Christentum hat begonnen als Religion, aber es ist größer als alle Religionen«. Zu diesem »Größer-Sein« gehört es, daß Christus und das Christentum als Urgrund und Achse der Evolution und damit als universelle Weltprinzipien verstanden werden müssen. Von daher kann auch ein ganz neues, dem modernen Menschen zugängliches Verständnis von Christus und seinem Verhältnis zu Menschheit und Erde, zum Kosmos schlechthin, vorbereitet werden.

Bei der Abfassung und kritisch beratenden Prüfung beider Bücher verdanke ich Herrn Dr. Erhard Kröner in Hannover große Hilfe, für die ich ihm an dieser Stelle besonders herzlich danke.

Erster Teil

DAS REICH DER MENSCHEN

1. Die Menschheit als Art und als Reich
Das Phänomen der geeinten Zweinatur

Der Mensch ist Art unter Arten und zugleich ein Reich unter Reichen. Beides ist er in innigster Durchdringung und Integration. Verstehe ich ihn als Art, so setze ich den Menschen in Beziehung zu den Arten der Tierwelt, besonders der höheren Tiere, mit denen er morphologisch die engste Verwandtschaft hat. Verstehe ich ihn aber als Reich, so erscheint er in einem umfassenderen Zusammenhang, vor einem größeren Hintergrund. Da zeigt er sich als vierte Stufe in der Architektur der Naturreiche, gewissermaßen als die Spitze im Pyramidenbau von Mineral, Pflanze und Tier, als blütenhafte Aufgipfelung und Steigerung dieser unteren Reiche.

Art und Reich verhalten sich zueinander wie Enge und Weite, wie das Individuelle zum Universellen. Im morphologischen System eines jeden Reiches nehmen diese beiden Kategorien den untersten und den höchsten Rang ein. So ist z. B. die Fülle der Arten im Reich der Tiere die unterste Kategorie. Gattungen, Familien, Ordnungen, Stämme und Kreise sind höhere Kategorien. Das Reich aber als die höchste Kategorie umfaßt sie alle, ist mehr als nur ein logisches Ordnungsprinzip. Versteht man also den Menschen auch als ein eigenes Reich und nicht nur als die eine Art, so muß diese höchste Kategorie in den engen Grenzen einer einzigen Art gedacht werden. Das bereitet dem Verstehen zunächst große Schwierigkeiten.

Der bunten Gestaltenfülle, wie sie uns im Tierreich begegnet, ist beim Menschen nichts Entsprechendes gegenüberzustellen. Aber das ist das Besondere des Menschen, daß hier alles zusammengedrängt ist, was im Tierreich weit ausgefächert vor uns liegt. In solcher Konzentration müssen System-Kategorien eine ganz andere und sicher auch verborgene Gestalt angenommen haben. Das gilt in erster Linie für die

Artenfülle, die das Tierreich vielgestaltig macht und die beim Menschen ganz zu fehlen scheint. Wer und was könnte beim Menschen die Rolle von eigenen Arten übernommen haben? Das eigentlich Individuelle sind bei den Tieren nicht die Exemplare der Arten, sondern die Arten selber.[2] Sie sind das unvertauschbar Einmalige und Unvermehrbare, sie sind die Träger tierischer Biographien. Es gilt also zu prüfen, ob dieses biographisch Einmalige, also das arthaft Unauswechselbare beim Menschen die Gestalt einer menschlichen Person angenommen hat: jeder Mensch eine eigene Art, seine eigene Art, species sui generis.[3]

Auch Rassen, Stämme, Sippen, Völker, Nationen, Zivilisationen, Kulturen, Klassen und Schichten sind Kategorien, die alle ihr Sein, ihr Leben, ihr Werden und Vergehen, ihre Geschichte und Geschicke in dem engen Rahmen dieser einen Art haben und mit dazu beitragen, dieser Art den Rang eines eigenen Reiches zu geben. Da also die Exemplare dieser Menschenart mehr sind als nur auswechselbare biologische Art-Exemplare, da sie selbst wieder eigene Arten sind, erscheint die Menschen-Art wie ausgeweitet zu einem großen Reich. Ausweitung und Eingrenzung durchdringen sich im Menschen und bilden die geeinte Zweinatur von Art und Reich, diese rätselhafte Integration von unterster und höchster System-Kategorie.

Die Art bleibt Art und ist doch mehr, ist auch das Reich. Und das Reich bleibt Reich und ist doch auch weniger, ist auch Art, erscheint im Rahmen einer begrenzten Gestalt, im Rahmen der untersten Kategorie des Systems.

Diese paradoxen Verhältnisse werden kaum bedacht, und ihre Bedeutung für ein Verständnis des Menschen, für seine Stellung im Gefüge des Ganzen und für die Probleme der Evolution bleibt unbeachtet. Doch liegt gerade hier ein Schlüssel zur Aufhellung und Durchleuchtung tiefer Probleme nicht nur des Menschen der Gegenwart, sondern auch seiner Entwicklung in Vergangenheit und Zukunft. Denn eine Art, die mehr ist als nur eine biologische oder zoologische Spezies, deutet auf einen Weg von unten nach oben, vom Niederen zum Höheren, aus der Enge in die Weite. Und ein Reich, das sich eingrenzt in den engen Rahmen einer einzigen Art, das weniger wird, als sonst die Reiche es sind, es weist uns auf den polar umgekehrten Weg, auf einen Abstieg und Einstieg von oben, aus der Weite in die Enge, aus der Höhe in einen niederen Bereich. Teilhard de Chardin spricht vom Paradox des Menschen und meint damit seine maximale Angleichung an das Reich der Tiere, verbunden mit einer maximalen Verschiedenheit seines Wesens und seiner Rolle im Gefüge der Welt. Wer diese Andersartigkeit nicht sieht und den Menschen mit dem Tiere gleichsetzt, der vernachlässigt eine ganze Dimension des Universums.[4]

Man sollte sich immer wieder dieses Phänomen zum Bewußtsein bringen. Denn nirgendwo sonst kann man das eigentliche Wesen geeinter Zweinatur so deutlich durchschauen und verstehen wie gerade am Phänomen dieser Einheit von Art und Reich, an diesem Paradox des Menschen. Es ist auch die beste Vorbereitung für ein Verständnis einer anderen, gesteigerten Gestalt geeinter Zweinatur. Schon früh hat man in der Geschichte des Christentums von den zwei Naturen des Jesus Christus gesprochen, von dem einen, der beides zugleich ist, wahrer Mensch und wahrer Gott. Wir werden zeigen, daß die geeinte Zweinatur des Menschen eine Vorform dieser gesteigerten Gestalt geeinter Zweinatur des Jesus Christus ist. Und auch in der Natur gibt es Vorformen, die die Stufe geeinter Zweinatur beim Menschen vorbereiten.

Art und Reich verhalten sich zueinander wie die unterste und die höchste Kategorie einer Stufenordnung. Wenn sich aber beide Pole, beide Partner, beide Naturen so zur Einheit durchdringen, daß der untere Partner auch im Gewande des oberen erscheint, das Niedere zugleich das Bild des Höheren trägt, und daß der obere Partner sich in das Gewand des unteren kleidet, ja geradezu verkleidet und verbirgt, dann muß auch in der Evolution mit beiden Wegen gerechnet werden. Dann gibt es Wege von unten herauf und von oben herab, aufsteigende Schritte der Evolution in innigstem Bund mit Stufen und Schritten, die von oben herabführen.

Immer wieder müssen wir fragen, was es bedeutet, daß eine einzige Art sich zu einem ganzen Reich ausweitet und polar dazu ein ganzes

Reich sich eingrenzt in den engen Rahmen einer einzigen Spezies. Es wäre ein Mißverständnis zu glauben, das eine sei dasselbe wie das andere, eben nur umgekehrt ausgedrückt und angeschaut. Nein, es sind zwei Wege, die konvergierend aufeinander zugehen, weil eine innere Bezogenheit besteht, die sie auch in der Getrenntheit zu Partnern macht. So nehmen sie sich ineinander auf und führen zu dem Ziel der geeinten Zweinatur. Was vorher auch in der Getrenntheit schon zueinander gehörte, wird nun zur integrierten Einheit der zwei Naturen. Zu dem Begriff einer geeinten Zweinatur gehört auch seine polare Ergänzung, die Vorstufe dieser Einheit, nämlich die Getrenntheit beider Partner, also eine getrennte Zweinatur. Denn das Einen des Getrennten und das Trennen des Geeinten ist ein rhythmischer Wechsel von Systole und Diastole, ein Rhythmus, der weite Gebiete der Wirklichkeit bestimmt. Er durchzieht die Stufen der Weltarchitektur, wiederholt sich in vielen Erscheinungen, und setzt sich fort bis in die blütenhafte Aufgipfelung der Menschheit und ihrer Geschichte.[5]

Für unsere Betrachtungen und Untersuchungen ist dieser Rhythmus das Phänomen, dem wir die tiefsten Einsichten und Entdeckungen verdanken.

Mit diesen wenigen Andeutungen ist schon auf eine Frage hingewiesen, die uns ganz besonders beschäftigen wird. Es ist die Frage, ob die systolisch geeinte Zweinatur des Menschen ein letztes Ziel der Evolution ist, oder ob auch hier mit einer neuen Gestalt diastolischer Getrenntheit gerechnet werden muß, ob sich das Verhältnis von Art-Exemplar und Individualität, von Hüllennatur und ichhafter Geistigkeit auf neuer Stufe noch einmal in Getrenntheit zeigen wird. Erneute diastolische Trennung der Partner, der beiden Naturen, kann dann nicht als ein Verlust einer einmal erreichten Stufe systolischer Einheit gedeutet werden, sondern ist unentbehrlich notwendige Phase im Gang der weiterschreitenden Entwicklung hin zu neuen Stufen der Weltvollendung. Zu dieser Vollendung gehört auch die Frage, ob die Reichsnatur auf ihrem Wege abwärts sich noch weiter eingrenzen kann und verbergen wird, in einen noch engeren Rahmen als den Rahmen einer Art, ob sie sich in den engsten Grenzen einer einzigen Individualität inkarniert und ob polar dazu die Individualität aufsteigt und sich ausweitet zu dem Repräsentanten eines ganzen Reiches, zur personhaften Einheitsgestalt als Urbild der gesamten Menschheit aller Zeiten, Räume und Entwicklungsstufen.

In dieser Frage schaut uns das offenbare Geheimnis aller Evolutionsziele an, die Inkarnation des Christus in dem Menschen Jesus von Nazareth.

2. Die geeinte Zweinatur als Stamm und ihr Widerschein als Individualität

Die Konvergenz von Stamm und Individualität als ein Ziel der Evolution

Die Einheit von Art und Reich ist zunächst ein Phänomen des Stammes, des Phylum. Aber sie hat ihren Widerschein, ihre Wiederholung in jedem einzelnen Menschen. Jeder hat Anteil an diesen beiden Naturen, jeder ist ein Glied der Art und ein Glied des Reiches, ist biologisch ein Exemplar der Art und überbiologische Individualität. Die Art gibt es nur einmal. Zu dieser Einmaligkeit gehört aber eine unbegrenzte Fülle möglicher Art-Exemplare. Und auch das Reich ist nur eines. Aber auch zu dieser Einmaligkeit gehört eine große Zahl menschlicher Individualitäten. Physisch real sind allein diese Vielheiten, während das Prinzip der Einheit einer nicht-physischen, ideellen Rangordnung angehört, die nur denkend zu erfassen ist. Spricht man aber von der einen Menschheit, ohne zwischen Art und Reich zu unterscheiden, so besteht auch dann das Verhältnis von überphysischer, geistig-ideeller Einheit und naturhaft realer Vielheit der konkreten Menschen aller Zeiten und Räume. Diese Vielen sind eingebettet in der Idee der einen Menschheit. Auf einem niederen, naturhaften Niveau ist ein Abbild dafür die große Zahl der kommenden und gehenden Bienen in der Einheit des Stockes, des Bien als dem Wesensgrund der Vielen. Unterscheidet man aber zwischen Art und Reich, dann wiederholt sich dieses Verhältnis von ideeller Einheit und physisch realer Vielheit in der Art und im Reich. Es tritt also zweimal auf.

Diese Verhältnisse sind mehr als nur begriffliche Bestimmungen. Denn hinter den Begriffen leben Realitäten von höherem Rang. Das Phänomen der geeinten Zweinatur im Menschen gibt es also zweimal. Das eine Mal ist es die Einheit von Art und Reich, und das andere Mal ist es die Einheit von Art-Exemplar und Individualität. Beide gehören eng zusammen. Das eine ist nicht ohne das andere möglich und wirk-

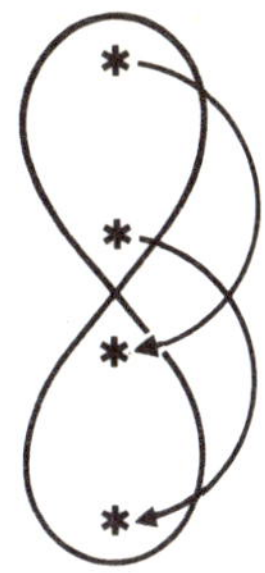

Figur 1

lich. Ohne Art als Begriff, als Idee oder Urbild gibt es keine Art-Exemplare. Und ohne diese können wir von keiner Art sprechen. Und auch ohne Individualitäten gäbe es die Menschheit als ein eigenes Reich so wenig, wie ohne die Reichs-Idee die Fülle der Individualitäten nicht möglich wäre.

Diese Zusammenhänge sind in Figur 1 übersichtlich dargestellt. Die Lemniskate umfaßt die beiden Formen geeinter Zweinatur, im oberen Bogen das Verhältnis von Art und Reich, und diese nur je einmal, eine Art und ein Reich. Im unteren Bogen die Einheit von Art-Exemplar und Individualität, und diese in großer Zahl, viele Exemplare und viele Individualitäten. Die Pfeile deuten auf das Verhältnis der höheren Einheit zu den niederen Vielheiten, die vielen Exemplare als Erscheinungsgestalt der einen Art und die vielen Individualitäten als Erscheinungsgestalt des einen Reiches.

Die Figur darf uns nicht dazu verleiten, die beiden Gestalten geeinter Zweinatur in räumlicher Getrenntheit vorzustellen. Physisches und Überphysisches durchdringen einander und bilden auch in ihrer Verschiedenheit doch die Einheit des Menschengeschlechtes.

Alles, was wir von der geeinten Zweinatur des Phylums, des Menschheitsstammes, sagten, von dem Verhältnis der Art zum Reich, des Reiches zur Art, kehrt in entsprechend gewandelter Gestalt in der individuellen Zweinatur eines jeden Menschen wieder. Wir nehmen alle teil an dem Mehr und an dem Weniger, an der Ausweitung des Arthaften und an der Eingrenzung des Reichshaften, an dem Aufstieg und an dem Abstieg. Jeder ist mehr als nur ein biologisches Art-Exemplar. Als Individualität, als Art seiner selbst, ist jeder eingegrenzt und eingeengt in die Grenzen von Geburt und Tod. Das ist ein Schritt aus höherer Fülle in den Rahmen einer niederen, begrenzten Gestalt. Was wir als Artexemplar mehr haben, das verdanken wir dem Aufstieg, und was wir an Eingrenzung in Raum und Zeit weniger sind, das geht zurück auf den Abstieg. So gilt auch hier im individuellen Nachklang der geeinten Zweinatur dieser doppelte Weg, ein Aufsteigen und ein Absteigen. Diese konvergierende Bewegung ist bei jedem Menschen heute noch aktuell, ist in Ontogenese, Geburt und Kindheit ein allgemein gültiges Geschehen. Dieser systolischen Bewegung zur geeinten Zweinatur geht also eine ursprüngliche Getrenntheit beider Naturen voraus. Zu jeder Geburt gehört dieses Herauf aus dem großen Mutterschoß der Art, die Individuation hin zu dem einen Exemplar als empfangsbereiter Hülle für das von oben, aus einer geistigen Welt herabkommende eigentliche Wesen der Person, für das Ich.

Heute beginnt man, sich dieses so lange vergessenen und geleugneten Phänomens einer eigenen Herkunft der Person wieder zu erinnern. So spricht z. B. Joachim Illies von einer doppelten Leiter aller Evolution, von der Darwinleiter, die von unten nach oben führt, und von der Jakobsleiter, die herabführt von oben nach unten, vom Geistigen zum Physischen.[6]

Beim Menschen als Art und als Reich ist diese Konvergenz, diese systolische Bewegung hin zur geeinten Zweinatur, schon in Urzeiten vollzogen, ist uralter Schöpfungs- und Entwicklungszustand seit den Zeiten der Hominisation, seit der Ichwerdung des Stammes. Denn auch bei der Menschheit als ganzer, nicht nur beim einzelnen Menschen, hat es eine Getrenntheit beider Naturen gegeben. Der noch ichlose und damit tierverwandte Menschheitsstamm lebte in Erwartung seiner Begegnung und Erfüllung mit dem Reich, mit dem neuen Wesensglied, dem Ich. Nur diese stammesgeschichtliche Systole macht erst die individuelle, die ontogenetische Systole möglich und ist bis heute noch aktuell. Dieser Nachklang heute ist der individuelle Hinweis auf ein stammesgeschichtliches Ereignis in der Vorzeit.

Schopenhauer sagte vom Menschen, daß er die »Dignität«, die Würde, die Rangstufe einer Idee habe.[7] Kann man diesen Gedanken anerkennen, dann muß man auch seine Umkehr bejahen können, dann müssen oder können Ideen den Rang, die Dignität von geistigen Wesen haben, dann müssen Ideen auch individuelle Wesen sein von personhafter Natur. Wir können diesen Zusammenhang schon an dem Verhältnis von tierischer Art und menschlicher Person erkennen. Wenn der Mensch als Person auch die Rangstufe einer Art vertritt, dann darf man umgekehrt sagen, daß eine Art der Tierwelt auch die Rangstufe eines individuellen, der Person verwandten Wesens repräsentiert. Das Obere, Höhere, das Menschliche hat einen Widerschein im unteren Reich. Und das Naturhafte spiegelt auf unterem Niveau die höhere Wirklichkeit des Menschen.

Was würde eine solche Umkehr bedeuten, wenn wir sie auf das Verhältnis dieser beiden Gestalten von Zweinatur übertragen? Zu dem Widerschein der oberen Zweinatur des Stammes in der unteren, individuellen Zweinatur der vielen Menschen würde nun umgekehrt ein Widerschein der individuellen Zweinatur in der Zweinatur des Stammes gehören. Das bedeutet aber, daß der Stamm, also Art und Reich Anteil haben am Charakter des Personalen, des individuell Wesenhaften auf höherem Niveau. Dieses höhere Niveau ist aber das der urbildlichen Einheit und Einmaligkeit dessen, was unten auf niederem Niveau in der Getrenntheit der Vielen lebt. Hinter den blassen Begriffen von Art und Reich stehen übersinnliche, geistige Wesen als Realitäten. Dem unteren, empirischen Menschen in seiner naturhaften und historischen Realität entspricht ein oberer, ein »idealischer Mensch«, ein übersinnlich-realer Mensch als Urbild der Vielen, und auch dieser in Gestalt einer Einheit von zwei Naturen, als ein übersinnliches, menschenhaftes Artwesen und als übersinnliche Individualität.

In der Tierwelt gehört zu den Arten und Typen eine Art-Idee als ein Arten-Ich. Dieses macht das Wesen der unverwechselbaren und unvermehrbaren Einmaligkeit der Art aus. Da nun der Mensch auch eine Art ist, muß auch zu dieser einen Sonderart ein Arten-Ich gehören. Dieses aber darf man nicht gleichsetzen mit dem Ich aller Iche, mit der Urbildlichkeit aller Individualitäten. Es kann sich also nur um eine Ichheit, um ein Urbild handeln, das zwischen der Individualität der vielen Menschen und der einen Individualität, dem Ich aller Iche, dem Urbild aller Individualität liegt.

Im ersten Kapitel konnte schon gezeigt werden, daß in der Einheit von Art und Reich eine konvergierende Bewegung lebt, daß diese Einheit durch eine von unten aufsteigende und von oben absteigende Bewegung zustande gekommen ist. Wir stehen nun vor der Frage, ob diese konvergierende Tendenz sich auch auf die beiden Gestalten der geeinten Zweinatur erstreckt, d. h. ob die beiden Bögen der Lemniskate in Figur 1 sich aufeinander zu bewegen, ob sie sich wechselseitig durchdringen und ineinander aufnehmen werden. Das heißt aber nichts anderes, als daß der Stamm das Ziel hat, einmal als Person, als eine und nur eine Individualität zu erscheinen, und daß das individuell Personale der Vielen sich einmal als der eine Stamm realisieren wird.

Das wäre ein Weg vom »idealischen« Urbild des Menschen hin zum empirisch realen Menschen und umgekehrt. Ist in der Evolution des Menschen mit dieser Tendenz zu rechnen, in der das historisch-konkret Personale einmal selbst als der Menschheits-Stamm erscheinen könnte und bei der der andere Weg vom übersinnlichen Geistgebiet der Urbilder hinführt zur historischen Person? Wenn das geschähe, dann könnte sich zeigen, daß Ideen und Urbilder auch Wesen von personhafter Natur sind. Will und wird also das Personale sich einmal auch als Stamm offenbaren, und will und wird einmal das Urbildliche sein individuelles Wesen auch als menschliche Person zeigen und offenbaren? Das wäre ein Ziel, in dem der Stamm und die Individualität ein und dasselbe werden. Die Menschheit als Stamm, als Art und Reich, wäre dann repräsentiert durch eine und nur eine Individualität: diese eine Individualität müßte der Repräsentant der gesamten Menschheit aller Zeiten und Räume sein. »Der idealische Mensch« wäre dann durch und durch auch »der empirische Mensch« geworden, das geistige Urbild ganz und gar auch ein realer Mensch der Geschichte, ein Mensch aller Menschen als Repräsentant der gesamten Menschheit.

Bei diesem zunächst hypothetisch angenommenen Ereignis würde sich dann zeigen, daß Ideen und Urbilder auch Wesenheiten von personaler Natur sind, daß die Menschheits-Idee auch ein reales Geistwesen ist. Dieses Ziel wäre die höchste Steigerung dieser systolischen Prozesse, die letztmögliche Stufe der konvergierenden Bewegung von Aufstieg und Abstieg, von Ausweitung und Eingrenzung. In der Struktur der geeinten Zweinatur von Art und Reich ist dieses letzte Evolutionsziel schon angelegt. Es ist dort schon zu erkennen.

Dieses Ziel ist die konsequente Vollendung dessen, was in den Bauprinzipien der Welt schon eingeprägt und vorgebildet ist. Es offenbart die letzte und höchste Steigerung dieser in der geeinten Zweinatur von Art und Reich schon angelegten und zu erkennenden Konvergenz-Bewegung hin zu einer neuen Gestalt systolischer Einheit.

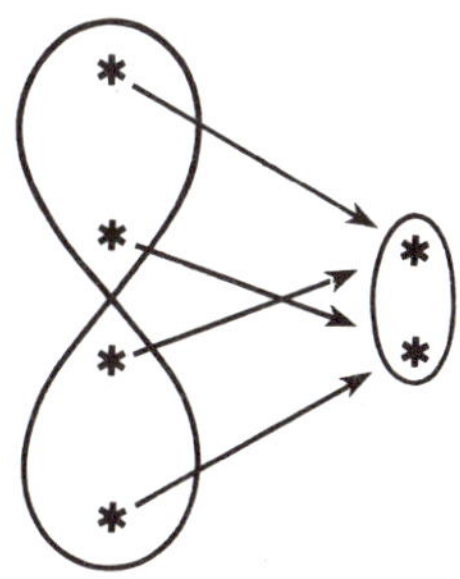

Figur 2

Diese letzte Steigerung ist in der Figur 2 noch einmal verdeutlicht worden. Die Lemniskate links wiederholt die Verhältnisse, wie sie schon Figur 1 gezeigt hat. Denkt man sich nun die beiden Bögen dieser Lemniskate in einer konvergierenden Bewegung, bei der sich beide Bögen wechselseitig durchdringen, so wachsen sie (rechts in der Figur) zu einem Bogen zusammen. Dies aber ist nichts anderes als das Einswerden von Stamm und Person, von Urbild und historischer Realität. Im Rahmen dieser einen Individualität wiederholt sich das Phänomen der zwei Naturen, nun aber auf neuem, auf gesteigertem und höchstem Niveau.

Die Figur 2 will zeigen, daß im Ziel der konvergierenden Evolutionswege ein Wesen mit geeinter Zweinatur zu erwarten ist. Darauf deuten die beiden aufsteigenden Linien. Und die beiden absteigenden Linien deuten darauf hin, daß diese beiden dem Menschenwesen direkt entsprechenden Naturen doch von ganz anderem, höchstem Range sind. In ihnen hat sich die geistige Urbildlichkeit in Menschengestalt inkarniert. Mensch und Urmensch, Himmel und Erde haben sich in diesem einen Menschen zu der systolischen Einheit eines Menschen aller Menschen durchdrungen. Einheit und Vielheit haben dann aufgehört, auf zwei Welt-Dimensionen verteilt zu sein. Die urbildhafte Einheit ist ganz in die Dimension naturhafter und historischer Vielheit eingetaucht. Beide gehören sie nun der geschichtlichen Wirklichkeit an. Die vielen Menschen sind Partner dieses einen Menschen aller Menschen.

Damit schaut uns auch jetzt wieder wie schon am Schluß von Kapitel 1 das offenbare Geheimnis aller Evolutionsziele an, die geeinte Zweinatur des Jesus Christus, des Christus in dem Jesus. Doch dieses Mal bereichert durch die Einsicht, daß in dieser Einheit noch eine andere Zweiheit mit enthalten ist, die geeinte Zweiheit von Stamm und Person, von Phylum und Individualität. Die Evolution des Menschen steigert sich hier zu ihrem höchsten Gipfel, zu der Identität von Phylogenese und Ontogenese, zu der Einheit von Stammesgeschichte und Individual-Geschichte. Das Leben einer und nur einer Individualität wird identisch mit dem Leben des ganzen Stammes, des ganzen neuen Reiches.

Was die Figur 2 nur im Bild als den großen Weg andeuten kann, das muß nun im Konkreten geprüft und untersucht und als ein reales historisches Geschehen aufgezeigt werden.

3. Die Menschheit als Art und als Art aller Arten

Der Mensch ist im biologischen Sinne eine Art, eine Art unter Arten, eine Spezies in der großen Gruppe der Primaten und weit darüber hinaus auch der Säugetiere und der Wirbeltiere. Das ist so offenkundig, daß man es nicht weiter begründen muß. Die Verwandtschaft zum Tier ist so groß, daß es Anthropologen und Biologen schwer fällt, im Menschen überhaupt noch etwas anderes zu sehen als eben diesen Spezies-Charakter im Rahmen und Reich der Tiere. Hat man aber bemerkt, daß trotz aller Nähe zum Tier der Mensch doch ein Sonderwesen ist, so wird gewöhnlich nur eine graduelle Verschiedenheit vom Tier anerkannt, nicht aber ein prinzipieller Unterschied zu ihm.

Betrachten wir zunächst Gemeinsames im Spezies-Charakter von Mensch und Tier: z. B. das Verhältnis von Einheit und Vielheit. Die Vielheit meint die ungezählte Menge der konkreten Art-Exemplare, während die Art selber das Prinzip der Einheit vertritt. Nur die Exemplare sind das naturhaft-sinnlich Reale, die Art selber ist kein naturhaft-sinnliches Einzelwesen. Vielmehr hat sie den Rang einer Idee, die man nur denkend zu »sehen« und zu begreifen vermag. Die Menschheit als Art ist sinnlich zu fassen nur durch die Vielheit der einzelnen Menschen, genauso wie »der Hirsch« oder »das Pferd« uns nur durch die Vielheit konkreter Hirsche oder Pferde gegeben ist. Arten haben immer den Rangwert einer Idee, sie gibt es nicht als Einzelwesen in Wald und Feld. Das physisch Reale sind allein die Art-Exemplare. Trotz dieses Unterschiedes gehören beide unzertrennlich zusammen. Ohne Art-Idee gibt es keine Exemplare, und ohne Exemplare wissen wir von keiner Art und Art-Idee. Das gilt für Tier und Mensch.

Und doch ist schon in dieser Gemeinsamkeit ein prinzipieller Unterschied zu erkennen. Er wird sofort sichtbar, wenn man nach dem Gewicht fragt, das der Einheit oder Vielheit bei Mensch und Tier zukommt. In den Biographien wird deutlich, wo der Wesens-Schwerpunkt bei Tier und Mensch liegt. Alle Tierbiographien sind solche der Art. Das Individuelle der Exemplare ist immer nur eine Manifestation oder Variation der Art-Einheit. Die Exemplare legen sich wie eine Hülle, wie eine Peripherie um diesen Ideen-Kern der Art.

Beim Menschen kehrt sich dieses Verhältnis um. Wohl gibt es auch hier eine Biographie des Menschen als Spezies. Doch diese ist nicht der Kern, ist nicht das Zentrum dieser Art. Das eigentliche Zentrum sind die Biographien der einzelnen Menschen, der Individuen oder Individualitäten. Tiere sind um so mehr und um so echter nur Tier, je mehr und je deutlicher das Individuelle den Kern, die Spezies, zum Ausdruck bringt. Und Menschen sind um so mehr und deutlicher Mensch, je mehr das Typische die jeweilige Individualität zur Anschauung bringt. Das Gewicht der Biographie liegt beim Menschen in der Individualität, beim Tier im Typus, in der Art. Die Biographien von Menschen haben etwas von der Einmaligkeit der Arten, sie sind unwiederholbar einmalig. So kann man sagen, daß beim Menschen jeder einzelne im Kern seine eigene Art, species sui generis ist. Auf dieses ganz andere Verhältnis von Art und Exemplar bei Tier und Mensch macht auch Teilhard de Chardin aufmerksam.[8]

Das Individuelle beim Menschen hat offensichtlich schon mit der anderen Natur, mit dem Reich zu tun. Wir wollen es hier noch zurückstellen und uns nur mit dem Arthaften, mit der Spezies Mensch beschäftigen, mit dem Hüllenhaft-Allgemeinen, das für alle Menschen gleich ist. Es geht uns also auch hier um das Besondere dieses Arthaften gegenüber den Arten der Tiere. Wir wollen zeigen, daß diese Besonderheit mehr ist als nur eine Variation des Tierhaften, mehr als nur eine graduelle Verschiedenheit zum Tier. Es handelt sich schon hier um etwas qualitativ und prinzipiell Anderes und Neues. Es geht also noch nicht darum, jetzt schon das Reichshafte, die obere der zwei Naturen, das Individuelle zu zeigen, sondern ganz nur das Arthafte, den Typus selbst, diesen aber auf dem Niveau des Menschen, also die untere seiner zwei Naturen.

Schon Herder sprach davon, daß der Mensch wie ein Kompendium der tierischen Gestaltenfülle verstanden werden kann;[9] die Tiere sind zu verstehen als der auseinandergelegte und zerbrochene Mensch. Der Mensch ist dann wie eine sichtbar gewordene Idee dieser tierischen Formen-Vielheit, die ideelle Einheit dieser Vielheit bis zur sinnenhaften Erscheinung verdichtet. Das Verhältnis von tierischer Arten-Vielheit und der Einheitsgestalt des Menschen als Sonderart besteht also in diesem Gegenüber von abbildhafter, gestreuter Vielheit und urbildhafter Einheit. Man könnte auch sagen, beide verhalten sich so zueinander, wie in der Musik das Thema sich zu seinen Variationen verhält. In jeder Tierart ist dann das Thema Mensch wiederzuerkennen, die vielen Typen sind Ausformungen und auch Vereinseitigungen einer Urform, die wie eine sinnlich anschaubar gewordene Idee alle in sich enthält. Was für die vielen Tiertypen als ideelle Einheit verborgen über ihnen lebt und wirkt, die geistige Einheit dieser gestreuten Vielheit, das ist im Menschen bis zu einem hohen Grade sinnlich wahrnehmbar geworden. Eine Idee oder ein Geistig-Ideenhaftes hat sich mit dem physisch Realen so weit verbunden, daß es »mit Augen« gesehen werden kann.

Als Goethe nach der Urpflanze suchte, nach der Einheit, die alle verschiedenen Pflanzen enthält und umfaßt, da glaubte er, diese Urform in irgendeiner konkreten Pflanze finden zu können. Schiller mußte ihn aber belehren, daß es sich um eine Idee handele, nicht um eine reale Pflanzengestalt. Goethe erlebte dieses Ideenhafte so deutlich und so real, daß er sagen konnte: »Das kann mir sehr lieb sein, daß ich Ideen habe ohne es zu wissen und sie sogar mit Augen sehe.«[10]

Aber Schiller hatte doch recht. Die Urpflanze gibt es nicht als Pflanze unter Pflanzen. Sie ist und bleibt Idee, auch wenn sie in allen Pflanzen lebt und wirkt. Sie ist nur geistig, nur denkend zu schauen.

Wie anders ist es dagegen beim Ur-Tier. Auch das Ur-Tier ist ideeller Natur und bleibt es auch vom Tier her gesehen. Aber im Menschen hat es sich bis zur sinnlichen Wahrnehmbarkeit verdichtet. Der Mensch ist nun das Thema, die Mitte in der weithin gestreuten Fülle tierischer Variationen. Beide sind sinnlich wahrzunehmen, die Einheit und die Vielheit, das Thema und seine Variationen. Wie liegen nun diese Verhältnisse bei der Urpflanze? Sie ist das Thema, und die vielen konkreten Pflanzen sind allesamt Variationen dieses Themas. Aber hier ist das Thema nicht mehr mit den Sinnen zu fassen, es ist von übersinnlicher, geistiger Wesensart, gehört ganz der Welt der Ideen an.

Was ist also geschehen, wenn wir aufsteigend den Schritt von dem niederen Reich der Pflanzen zu dem höheren Reich der Tiere tun? Das geistig Einende, das für das niedere Reich der Pflanzen im Transzendenten beheimatet ist und von dorther in den Pflanzen wirkt und waltet, ist für das höhere Reich der Tiere eine Stufe weiter zum physischen Plan herabgestiegen, so daß es auch im Sinnlichen erfahrbar wird.[11]

Wir begegnen hier wieder dem Phänomen einer Konvergenz von unten herauf und von oben herab, einem doppelten Weg vom Physischen herauf und vom Geistigen herab. Je tiefer das naturhaft Reale, um so höher im Transzendenten liegt seine geistige Ergänzung. In Kapitel 1 wurde schon diese Konvergenzbewegung gezeigt, wie sie noch einen Schritt weitergegangen ist, und wie das aufsteigende und noch tierverwandte Artwesen von oben her den realen individuellen Geist als Ich, als Individualität, aufgenommen hat. So kam es phylogenetisch zur geeinten Zweinatur von Art und Reich, ontogenetisch zur geeinten Zweinatur von biologischem Erbexemplar und überbiologischer Individualität.

Es wird deutlich, daß der Mensch als Art aller Arten erst die Voraussetzung und die Vorbedingung für den Menschen als das Reich der Personen ist. Die Art aller Arten ist dann wie eine von unten her empfangsbereite Hülle, in die sich von oben her das Novum, das Reichshafte hineinsenkt und mit dem tragenden Grund als dem unteren Partner zur Einheit der zwei Naturen verschmilzt.

Für unsere weiteren Betrachtungen und Untersuchungen ist zu bedenken, daß dieser systolischen Phase von Art-Exemplar und Ich schon eine vorbereitende Systole, ein vorbereitender Aufstieg und Abstieg vorausgegangen sein muß. Das physisch Reale einer biologischen, tierverwandten Art vereinigt sich mit dem geistig Einen, das über der

Arten-Vielheit waltet, und es schafft so die Art aller Arten, das Kompendium dieser Artenfülle. In der Sprache der Schichtenlehre könnte man sagen, daß die Art eine Überformung erfahren hat, wodurch sie dem zu erwartenden Novum verwandt geworden ist.

Die Art aller Arten ist herausgewachsen aus der Vielheit tierischer Arten, oder umgekehrt ausgedrückt: ihre Realisierung in naturhafter Wirklichkeit ließ die vielen Typen und Arten entstehen. Dies ist ein diastolischer Prozeß, eine Trennung ursprünglicher Einheit. In diesem diastolischen Geschehen ereignete sich aber eine verborgene Systole, das Eins-Werden urbildhafter Einheit mit dieser einen Sonderart. So ist die Art aller Arten offen für die Aufnahme eines neuen Wesensgliedes, offen für die Systole hin zum Menschen als Reich. Diese Offenheit bedeutet aber, daß die Sonderart ihren zu erwartenden Partner noch nicht in sich aufgenommen hat, daß er noch wie draußen, noch wie getrennt vom unteren Partner existiert. Art und Reich leben noch im Zustand der Getrenntheit. Der geeinten Zweinatur ist entwicklungsgeschichtlich eine Getrenntheit beider Naturen vorausgegangen. Die Art aller Arten noch ohne den Reichs-Inhalt, also den Zustand ihrer Getrenntheit, gibt es heute nicht mehr. Sie gehört einer Zeit an vor der Hominisation, vor der Ichwerdung des Menschen. Diese Ich-Geburt des Menschen war ein phylogenetisches Groß-Ereignis. Und der ontogenetische, individuelle Nachklang dieses Groß-Ereignisses geschieht bei jeder Embryonal-Entwicklung, Geburt und Kindheit.

Den Menschen als Art aller Arten zu verstehen wird unerläßlich, wenn wir uns um ein Verständnis der Steigerung dieses Phänomens bemühen, des Wesens eines Menschen aller Menschen, der selbst die Brücke zu einem neuen Reich ist.

So wie die Art aller Arten die notwendige Voraussetzung für den neuen Schritt zum Reich des Menschen war, so wird ein Mensch aller Menschen die unerläßliche Voraussetzung für das Erscheinen eines neuen Reiches mitten im Reich der Menschen.

Und auch am Schluß des dritten Kapitels begegnet uns wieder das Ziel aller Evolution, das neue Reich des Christus, und wir erfahren schon, daß er nur dann erscheinen kann, wenn ein Mensch, der Mensch aller Menschen, ihm dieses Erscheinen möglich macht.

Die weiteren Betrachtungen kreisen nun um das Wesen dieses einen Menschen aller Menschen, um das Geheimnis des Jesus von Nazareth und seiner zwei Naturen. Doch vorher müssen wir noch die Frage prüfen, ob der Mensch als Art vollberechtigt auch ein Reich genannt werden darf. Wir müssen noch begründet darstellen, daß er nicht nur Art unter Arten ist, sondern auch ein Reich unter Reichen.

4. Die Menschheit als Reich unter Reichen

Der Mensch ist eine Art unter Arten. Es war nicht nötig, das ausführlich zu begründen, weil es so selbstverständlich ist. Anders sieht es aus, wenn es darum geht, ihn auch als ein eigenes und neues Reich zu erkennen und zu verstehen. Bei der Denkgesinnung vieler Biologen und Anthropologen ist es schwer, dem Menschen eine ihm eigene Reichsnatur zuzuerkennen. Teilhard de Chardin sprach davon, daß die Wissenschaft in ihrem gegenwärtigen Weltbild eine ganze Dimension des Universums vernachlässigt, wenn sie den Menschen nur als ein Glied des Tierreiches versteht (vgl. Anm. 4). Uns geht es also in diesem Kapitel um die Suche nach dieser vernachlässigten Dimension, um die Phänomene, die ihn als ein eigenes und neues Reich charakterisieren.

In Nicolai Hartmanns Schichtenlehre ist von dem Stufen- oder Schichtenbau der realen Welt, also von den vier Reichen die Rede: »Es lassen sich vier Schichten in der realen Welt ausmachen: Materie (Anorganisches), Organisches, Seelisches und Geist. Der Extension nach ist die materielle Schicht die größte. Je höher die Schicht, um so weniger verbreitet ist sie. Nur auf einem kleinen Teil des anorganischen Seins baut sich das organische auf. Wieder nur in den am höchsten entwickelten Gebilden findet sich Seelisches, und nur in einer Art der beseelten Lebewesen gibt es Geist.«[12] In diesen Stufen ist der pyramidenförmige Bau des Weltgefüges zu erkennen, dessen Spitze die eine Art bildet, der Mensch als Träger des Geistes. Im anthroposophischen Welt- und Menschenbild sind es der physische Leib, der allen vier Reichen zukommt, der Ätherleib (Leben), der mit dem Pflanzenreich beginnt und sich im Tierreich und Menschenreich fortsetzt, der Astralleib, der nur noch Tier und Mensch eigen ist, und schließlich das Wesensglied des ichhaften Geistes, an dem nur der Mensch Anteil hat.

Dieser Pyramidenbau ist nun so gefügt, daß die einzelnen Schichten, Stufen, Reiche oder Wesensglieder in dem jeweils höheren oder neuen Reich wiederkehren und dort die untere Natur des neuen Reiches bilden. So erscheint das Mineral in der Pflanze als deren physische, materielle Körperlichkeit wieder. Und die Pflanze als belebte Substanz bildet die untere Natur im Reich der beseelten Lebewesen, der Tiere. Und das Tier als beseelte Substanz tritt wieder auf in dem neuen Reich der Geistträger, im Reich des Menschen. Diese Wiederkehr schon vorhandener Stufen in dem jeweils neuen und höheren Reich ist also immer dessen untere Natur. Dabei handelt es sich nicht einfach um ein unverwandeltes Wiedererscheinen dessen, was schon vorhanden ist, sondern das Wiederkehrende erfährt eine Umformung, eine Überformung, eine neue Prägung, durch die es dem neuen Reich verwandt und angeglichen wird. Dadurch wird das Erscheinen des Novum vorbereitet und überhaupt erst möglich. Dieses Phänomen einer vorbereitenden Überformung zeigt sich besonders deutlich beim Menschen. Die immer noch tierverwandte Artnatur wurde so umgeprägt, daß sie eine empfangsbereite Hülle für das Erscheinen der neuen Seinsstufe, der ichhaften Geistwesenheit werden kann.

In Arten, die sich nicht über die Stufe biologisch-zoologischer Existenz erheben, wäre die Inkarnation eines neuen Wesensgliedes nicht möglich. Das Wiederkehrende ist insofern schon mehr als nur verwandelte Wiederkehr, es ist an sich schon ein Novum, ein vorbereitendes Novum, das ganz schon zum neuen Reich gehört.

Das verwandelt Wiederkehrende und das Novum, die untere und die obere Natur, beide zusammen vereint bilden das Phänomen der geeinten Zweinatur. In diesem Sinne gibt es die geeinte Zweinatur nicht nur beim Menschen, sondern auch bei Tier und Pflanze, also in allen drei organischen Reichen. Dabei nimmt sie von Reich zu Reich eine neue Gestalt an. Sie hat beim Menschen die Gestalt einer integrierten Einheit von Art und Reich.

Die Sonderstellung des Mineralbereiches bleibt hier unberücksichtigt. Diesem Reich fehlt ein unterer Partner als Reich, aber sicher fehlen keine Bezirke, die diesem Reich vorausgehen und auch zu ihm gehören. Doch können wir mit Sicherheit sagen, daß hier von einer geeinten Zweinatur wie bei den drei organischen Reichen nicht gesprochen werden kann. Über diese noch verborgenen Verhältnisse kann erst dann mit Aussicht auf Erfolg gesprochen werden, wenn man die polare Ergänzung zum Menschen mit in die Untersuchung einbezieht. Denn so, wie dem Mineral ein unterer Partner fehlt, so fehlt dem Menschen der obere Partner in Gestalt eines höheren Reiches. Aber auch hier dürfen wir mit Sicherheit sagen, daß es über dem Menschen Bereiche gibt, die zu ihm gehören und von oben her in ihn hineinragen; ebenso ragen polar dazu untere Bereiche in die Materie herauf und hinein.[13]

Mit diesen Schichten, Dimensionen oder Wesensgliedern haben wir aber erst die eine Seite dessen erfaßt, was ein Reich ausmacht. Denn zu jedem Reich gehört noch mehr als nur diese Anzahl der Wesensglieder. Es gehört dazu die ganze Fülle der Arten, der Typen, Gattungen, Familien, Klassen usw. Es genügt nicht zu sagen, Tiere sind Wesen mit beseelter Leiblichkeit. Denn wir haben es mit unendlich viel verschiedenen Formen und Gestalten zu tun, mit Würmern, Schmetterlingen, Vögeln, Säugetieren usw. Beseelte Leiblichkeit kann uns als Krebs, als Käfer, als Ente, Schlange und Löwe erscheinen. Diese Kategorien der biologischen Systematik sind nicht durch die individuellen Wesensglieder zu fassen. Sie gehören einem anderen Bereich an und sind mehr als das Individuelle beseelter Exemplare. Sie sind das Ideenhafte, dem alle Vertreter eines Typus oder einer Art angehören. Es sind die tausendfach verschiedenen und ineinandergreifenden, sich durchdringenden, tragenden und auch ausschließenden Baupläne, von denen man sagen muß, daß sie der Region der Ideen angehören. Was wir vom Tier sagten, gilt auch für Pflanzen. Belebte Materie kann sich als Alge, Farn, Anemone, als Schneeglöckchen, Fichte oder Birke zeigen. Auch hier gibt es die Überfülle verschiedenster Baupläne, die alle aus dem Baumaterial des lebendigen Stoffes diesen Reichtum an Bauwerken formen und prägen.

Und auch das Mineralreich, die Stoffeswelt, ist reich an Formgestalten und Umgestaltungen, die alle eingeprägt sind in das Wesensglied des physischen Leibes.

Vom Menschen haben wir noch nicht gesprochen.

Wenn er den Anspruch erhebt, ein eigenes Reich zu sein, dann genügt es nicht, nur ein neues Wesensglied nachzuweisen; denn zum Reichscharakter gehört auch die Typenfülle, eine Vielheit von Arten. Doch diese vermissen wir, sie ist auch nicht durch Rassen, Stämme, Völker, Berufs- und Standesschichten zu ersetzen. Bei aller rassischen und völkischen Verschiedenheit sind es doch immer nur die relativ gleichen Exemplare des einen Typus, der einen Sonderart Mensch. Alle sind sie untereinander fruchtbar wie die Exemplare tierischer Arten. Der Typen- und Arten-Reichtum, der das Tierreich so interessant und vielgestaltig macht, er fehlt dem Menschen. Dieses Fehlen der Artenfülle ist ein wesentlicher Einwand all jener, die bestreiten, daß man dem Menschen einen eigenen Reichscharakter zuerkennen kann. Es scheint also alles dafür zu sprechen, daß der Mensch doch nur eine Spezies, eine Art im Rahmen des Tierreiches ist, eine Art von besonderem Rang, aber kein eigenes Reich. Der Reichscharakter will entdeckt sein.

Der Mensch hat als Art ein Wesensglied mehr als die Arten der Tiere, die einen nur dreistufigen Schichtenbau haben, den physischen Leib, den Ätherleib und den Astralleib. Beim Menschen kommt zu diesen drei Wesensgliedern noch ein viertes hinzu, die ichhafte Geistgestalt. In diesem Mehr kündigt sich schon die eine Seite des Reichscharakters an. Denn ein neues Wesensglied deutet auch auf eine neue Reichsstufe.

Wie steht es nun mit dem Fehlen der Artenfülle? Wo sind die Arten, die doch die andere Seite eines jeden Reiches sind? Es ist zu fragen, ob dieses Mehr an Wesensgliedern, das die Menschen-Art auszeichnet, in einem Zusammenhang steht mit diesem Weniger, mit dem Fehlen der Arten? Besteht zwischen dem Zuviel und dem Zuwenig, zwischen dem Mehr und dem Weniger eine Identität? Ist dieses Mehr, also die ichhafte Geiststufe, identisch mit dem Weniger, mit dem Fehlen der Arten? Sind die Ich-Gestalten dasselbe wie die Arten?

Dieser Gedanke ist nicht neu. Jeder Mensch ist als Individualität seine eigene Art, die Art seiner selbst. Ein Vergleich der Biographien hat uns das deutlich gemacht. Wenn also jeder Mensch schon als Einzelwesen eine eigene Art ist, dann ist die Artenzahl dieses Reiches weit größer als die des Tierreiches. Das biologische Artwesen hat im Reich des Menschen eine ganz neue Gestalt angenommen, es erscheint als Person, als Individualität. Und wenn Schopenhauer sagt, daß der Mensch schon als Einzelwesen die »Dignität«, die Rangstufe einer Idee hat (vgl. Anm. 7), dann ist damit auch gesagt, daß das Geistige der Welt, das Ideen- und Urbildhafte aus der Weltverborgenheit in den Welten-Vordergrund getreten ist. Wenn man auch die Umkehr dieses Gedankens anerkennen kann, daß nämlich Ideen die Rangstufe, die »Dignität« von Wesen haben können, dann muß der geistigen Welt ein schier unendlicher Reichtum zukommen, den wir nur in Gestalt blasser Gedanken in unserem Bewußtsein gespiegelt finden.

Es hat sich also gezeigt, daß der Mensch beide Bedingungen erfüllt, die erforderlich sind, um von ihm als von einem eigenen und neuen Reich sprechen zu können. Das zu verstehen und einzusehen, ist für den weiteren Gang der Betrachtungen unerläßlich. Denn wir werden diese Frage nicht nur an die eine Art aller Arten stellen, sondern später auch an den einen Menschen aller Menschen (vgl. Kapitel 15). Das ganz Besondere des Menschen besteht eben darin, daß hier Wesensglied und Art identisch geworden sind.

Herder spricht davon, daß der Mensch ein Mittelring zwischen zwei Systemen der Schöpfung ist (vgl. Anm. 9). Von unten her gesehen ist er der höchste, von einer höheren Ordnung von Welten und Wesen her ist er der unterste. So hat er an beiden Ordnungen Anteil. Diese Mittelstellung und Mittelfunktion ist nun ganz besonders begründet in der Ich-Natur des Menschen. Das Ich ist der innerste Kern seines Wesens, die Mitte in dieser Mitte Mensch.

Und was im Sinne Herders für den Menschen als Reich gilt, Anteil zu haben an beiden Systemen der Weltordnung, das steigert sich für die Wirklichkeit des Ich. Aufsteigend von unten ist das Ich das neue, das vierte Wesensglied. Und von oben herab zeigt dieses Wesensglied darüber hinaus auch den Charakter einer Art-Idee, eines Typus, es gehört damit schon zu einer Stufenordnung der geistigen Welt. Wesensglied und Art-Idee sind hier ein und dasselbe, sie sind zwei Aspekte der einen Sache, des einen Ich.

Als Wesensglied schafft dieses Ich universelle Gemeinsamkeit. Alle, die dieses vierte Wesensglied haben, sind Menschen, so wie alle Wesen, die das dritte Wesensglied haben, das Seelische als ihre höchste Stufe, zum Tierreich gehören. Aber in diesem Gemeinsamen steckt nur beim Menschen gleichzeitig auch die unendlich große Vielheit und die Verschiedenheit von Mensch zu Mensch, das arthaft Individuelle und unauswechselbar und unvertretbar Einmalige einer jeden Individualität. Im Tierreich ist das nicht so, da besteht keine Identität zwischen dem höchsten Wesensglied, dem Astralleib, und der typenhaften, arthaften Vielheit. Die Typen, die Artgestalten sind immer noch etwas anderes als die Seins-Stufe des Astralen. Jene gehören der oberen Urbilder- oder Ideenwelt an, während der Astralleib zur unteren und individuellen Ausstattung der Exemplare gehört.

Es ist also deutlich geworden, daß der Mensch nicht nur Art unter Arten ist, sondern auch ein Reich unter Reichen. Nun wissen wir aber, daß er nicht nur Art unter Arten ist, sondern auch die Art aller Arten, die sinnlich anschaubar gewordene Idee der Arten-Vielheit. Und die Frage taucht auf: Ist der Mensch auch in diesem Sinne das Reich aller Reiche, also die sinnlich anschaubare Einheit und Idee aller Reiche, der Erdenwelt überhaupt? Diese Frage stellen wir hier noch zurück und behandeln sie erst in Kapitel 16.

Die Kategorien von Art und Reich bilden die unterste und die höchste Stufe im biologischen System. Steigen wir von unten nach oben, von den Arten über Gattungen, Familien, Ordnungen, Klassen und Kreise immer höher hinauf, so werden die Kategorien immer umfassender und immer universeller, aber auch immer abstrakter. So hat z.B. die Ordnung der Nagetiere viele Familien, darunter die Eichhörnchen, die Biber, die Mäuse, die Hasen, die Stachelschweine. Diese Familien gliedern sich wieder in Gattungen und zum Schluß in Arten. Die Ordnung der Nagetiere gehört mit vielen anderen Ordnungen zu der größeren Einheit, zu der Klasse der Säugetiere. Und diese Klasse gehört wieder mit anderen Klassen, mit Vögeln, Reptilien, Lurchen und Fischen, zu dem umfassenden Kreis der Wirbeltiere. So geht es immer weiter hinauf bis zur höchsten Kategorie des Reiches. Die höheren Kategorien verhalten sich zu den unteren immer wie die Einheiten zu einer Vielheit. Das beginnt schon bei den Arten. Sie sind das ideenhaft Einheitliche gegenüber der niederen Vielheit der Art-Exemplare. Gattungen oder Familien sind wieder das urbildhaft Einheitliche gegenüber niederen Einheiten oder Kategorien von Gattungen und Arten. Einheit und Vielheit gehören immer zwei verschiedenen Stufen oder auch Dimensionen an.

Mit dem Erscheinen des Menschen ändern sich die Verhältnisse. Da geschieht etwas Besonderes. Einheit und Vielheit gehören zur gleichen Kategorie oder Stufe. Wir kennen die Vielheit tierischer Arten. Die zum Menschen gehörende Einheit, also die Art aller Arten, gehört zur gleichen Stufe, zur gleichen Kategorie und Dimension der Art, beide gehören sie zur naturhaft realen Welt. Einheit und Vielheit sind nicht mehr auf zwei Dimensionen verteilt, ideenhaft-geistig die eine Dimension, sinnenhaft real die andere. Dieses Phänomen ist das Ergebnis einer Konvergenz, eines Weges vom Abstrakten zum Konkreten, vom Urbildhaften zum physisch Realen.

Was hier in dem Verhältnis von Mensch und Tier beginnt, das setzt sich im Menschen selber fort und steigert sich von Stufe zu Stufe. Denn nun gibt es andere Vielheiten, zu denen Einheiten gehören, die zur selben Kategorie zählen wie die Vielheiten. An Stelle der tierischen Arten-Vielheit tritt nun eine neue, eine menschliche Vielheit, die Vielheit der Individualitäten, der Personen.

Wir fragen also, ob es auch zu dieser Vielheit eine Einheit gibt, die zur gleichen Stufe gehört wie die Vielheit. Das wäre ein Mensch aller Menschen, der mehr ist als sie alle und der doch auch ein Mensch unter Menschen bleibt.

Aber es gibt noch eine andere, eine vorausliegende Vielheit, die Vielheit menschlicher Art-Exemplare. Auch hier werden wir fragen und prüfen, ob auch zu dieser Vielheit eine Einheit gehört, eine Einheit vom gleichen kategorialen Rang wie die Exemplare, also ein Exemplar aller Exemplare, eine Hülle aller Hüllen, ein Ur-Exemplar, eine ur-menschliche, noch keine ichbegabte Individualität, sondern ein konkreter, aber noch ichloser, ichferner Träger der seelenhaften Art- oder Adamnatur, ein Urmenschliches vor der eigentlichen Stufe der Hominisation.

Zum Schluß dieses Kapitels sei noch eine kritische Frage gestellt, deren Beantwortung uns unerwartet auf eine ganz neue Spur bringt und ein tief verborgenes Phänomen offenbar macht. Die Menschheit könnte nicht vollgültig ein Reich genannt werden, wenn es nicht gelungen wäre, die Vielheit der Arten in ihr zu entdecken. Jeder einzelne Mensch ist eine Art seiner selbst. Nun gehört aber zur Einheit der Art immer auch eine Vielheit ihrer Exemplare. Wir müssen nun fragen, ob auch zu dieser neuen Gestalt einer Art, zu der einzelmenschlichen Person, eine Vielheit von Exemplaren dieses einen Menschen gehört. Die Frage klingt paradox und deutet auch auf ein Paradox. Denn wie und wo sollte ein einzelner Mensch selbst wieder aus sich eine Vielheit seiner selbst heraussetzen? Gelingt es aber nicht, diese zu fordernde Vielheit zu finden, dann kann der Einzelmensch auch nicht vollgültig eine Art genannt werden. Es fehlt dem Kriterium der Art das Glied ihrer Vielheit.

Vermißten wir vorhin noch die Vielheit der Arten im Reich der Menschen und fanden wir sie verborgen in jedem Menschen als den Kern einer Art, so muß uns jetzt die andere Frage bewegen: Wo sind die Exemplare dieser Arten? Kann der Einzelne wirklich vollgültig eine eigene Art genannt werden, wenn ihm die Vielheit von Exemplaren fehlt? Es geht nicht um die vielen Exemplare der Sonderart Mensch, es geht nur um Exemplare, um verschiedene Äußerungsgestalten eines jeden Menschen, eine Vielheit, die zu der Einheit einer jeden Individualität gehört. Ohne Arten-Vielheit konnten wir dem Menschen nicht vollgültig den Reichscharakter zusprechen. Und nun stehen wir vor der Frage, ob wir dem Einzelmenschen vollgültig den Charakter einer Art zusprechen können, wenn die Vielheit der Exemplare fehlt. Es gelang uns, die Vielheit der Arten in ihrer Verborgenheit zu entdecken, das öffentliche Geheimnis zu erkennen, daß jeder die Art seiner selbst ist. Was wir jetzt aber suchen, ist noch tiefer verborgen, ist ein

Geheimnis, das darauf wartet, auch den Charakter der Öffentlichkeit zu gewinnen. Die Vielheit, die zu jedem Einzelmenschen dazu gehört, kann niemals in einem räumlichen Nebeneinander existieren wie sonst bei allen biologischen Arten. Diese Vielheit kann nur in einem zeitlichen Nacheinander erscheinen. Das aber sind die verschiedenen, aufeinander folgenden Inkarnationen einer jeden Individualität. Keine einzige dieser Inkarnationen offenbart den ganzen Wesenskern der Person, sondern jede hat den Charakter eines Art-Exemplars, ist Teilmanifestation der umfassenden Wesens-Entelechie.

Diese letzte Frage führt uns also ganz unerwartet, aber mit innerer Konsequenz auf das Problem der wiederholten Erdenleben, das wir hier nicht besonders behandeln, weil es bereits an anderem Orte behandelt worden ist.[14]

Zweiter Teil

EIN MENSCH ALLER MENSCHEN: DAS GEHEIMNIS DES JESUS

5. Ein Mensch aller Menschen als Steigerungsgestalt der Art aller Arten und als Vorstufe zu einem neuen Reich

Die Reiche sind architektonisch so ineinander gefügt, daß ein jeweils älteres und niederes Reich in verwandelter, überformter Gestalt in dem jeweils neuen und höheren Reich wiederkehrt. Die Gestalt, in der das Tierreich im Menschenreich wieder erscheint, ist die Systemkategorie der Art. Diese Wiederholung des Alten im neuen Reich trägt durch die überformende Prägung auch schon die Züge des Neuen. Dadurch ist es für das neue Wesensglied, für das Ich, empfangsfähig und empfangsbereit gemacht. Was wir hier in dem Verhältnis dieser beiden Reiche zueinander beobachten, ist Stilprinzip auch im Aufbau der anderen Reiche und begründet so in allen drei organischen Reichen das Phänomen der systolisch geeinten Zweinatur. So kehrt die Pflanze als tragender Grund und als untere Natur im Tierreich wieder, als Träger des neuen Wesensgliedes, des Seelischen, des Astralleibes. Aber die Wiederkehr des Pflanzlichen bleibt hier ganz im Allgemeinen; sie ist nicht als Pflanze, nicht als ein Glied aus dem System des Pflanzenreiches zu erkennen, ist nur eine allgemeine pflanzenhafte Lebendigkeit des Leibes. Noch allgemeiner ist die Wiederkehr des Mineralreiches in der Pflanze. Hier kann man nur noch von einer organischen Materie sprechen, die im Gegensatz zur anorganischen Materie die untere Natur des Pflanzenreiches ausmacht. Morphologisch gesehen sind Pflanzenleiber niemals auch noch Glieder im Reich des Mineralischen. In jedem der drei Fälle hat diese Wiederkehr des Unteren im oberen Reich eine Prägung erfahren, die sie dem neuen angleicht und verwandt macht, eine Überformung hin zu dem nächst höheren Reich. Beim Menschen hat diese Wiederkehr schon einen sehr individuellen, morphologisch geprägten Charakter.

Dieses Stilgesetz der Weltarchitektur gibt uns nun die Möglichkeit, erste Aussagen über ein zu erwartendes neues Reich zu machen, das sich so an das Menschenreich anschließt, wie das Menschenreich an das Tierreich angeschlossen ist. Denn auch hier ist mit einer Wiederkehr des Alten im Neuen zu rechnen, zugleich mit einer Steigerung des Individuellen in dieser Wiederkehr. Im Menschen war es die Art, die sehr deutlich an das niedere Reich erinnert. Und bei diesem zu erwartenden neuen Schritt muß es der Mensch als geeinte Zweinatur sein, der in einem neuen Reich als untere Natur wieder erscheinen wird.

Aus der Fülle der Arten war es aber nur diese eine Art aller Arten, die in dem neuen Reich der Menschen wieder auftrat. So ist jetzt aus der Fülle der Personen eine und nur eine Individualität zu erwarten, die als empfangsbereiter Träger für den neuen Reichsinhalt erscheinen wird. Analog der Art aller Arten müßte man jetzt von einem Menschen aller Menschen sprechen, der als das Wiederkehrende des Alten in das neue Reich eingeht. Er ist die gesteigerte Gestalt dessen, was uns auf der vorausliegenden Stufe als Art aller Arten begegnet ist. In der Sprache der Schichtenlehre ist dieses Mehr-Sein eine Überformung hin zu dem neuen Reich. Im Menschen als Art ist das Tier überformt und damit für die neue Reichsstufe vorbereitet. Und für ein zu erwartendes neues Reich über dem Menschen muß sich die Überformung am Menschen selber vollziehen. Er ist es nun, der für den neuen Evolutionsschritt vorbereitet wird. Dieser überformte eine Mensch ist der Mensch aller Menschen. Das Prinzip der Überformung geht durch die Architektur aller Reiche und begegnet uns hier in der Gipfelregion auf einer besonders hohen, individualisierten Stufe.

Vergleichen wir nun die Art aller Arten mit dem Menschen aller Menschen, die Überformtheit der einen Art mit der Überformtheit des einen Menschen, dann muß sich zeigen, was wir zunächst ganz hypothetisch über diesen Menschen aller Menschen sagen können. Er ist noch nicht das neue Reich selbst, noch nicht die neue Stufe in der Folge der Reiche, sondern ist erst die untere Natur eines zu erwartenden neuen Reiches in oder über der Menschheit, ist die Brücke von dem alten zum neuen Reich. Diesen besonderen Menschen dürfen wir in stilgesetzlicher Analogie und Homologie zur Sonderart mit vollem Recht den Sondermenschen nennen, den Menschen aller Menschen. In ihm muß der Gipfel dessen erreicht sein, was an Evolutionsschritten im Rahmen der Menschheit möglich ist, ein letztes und höchstes Ziel rein menschlicher Entwicklung. So wie in der Art aller Arten auch die Ur-Art und damit auch das Ur-Tier, die höchste Stufe tierischer Formen, erreicht ist, so muß in einem Menschen aller Menschen auch das Ur-Menschliche, die höchste Stufe des alten Reiches, in Erscheinung getreten sein, eine Vorstufe dieses neuen, zu erwartenden Reiches.

Über das Besondere der Art aller Arten wurde in Kapitel 3 ausführlich gesprochen. Wenn wir hier wieder darauf zurückkommen, so soll uns das Besondere der Sonderart helfen, auch das Besondere und Rätselhafte dieses Menschen aller Menschen zu verdeutlichen. Denn zwischen beiden Sondergestalten besteht nicht nur eine Analogie, beide verhalten sich zueinander wie das Niedere zum Höheren, wie das entwicklungsgeschichtlich Ältere zum entwicklungsgeschichtlich Jüngeren. Der Mensch aller Menschen ist die nach oben hin transponierte und gesteigerte Form dessen, was uns als Art aller Arten vertraut ist.

Uns muß nun ganz besonders das Phänomen einer verborgenen Systole beschäftigen, eines Abstieges urbildlicher Realität in das naturhaft Reale der einen Art. Was wir jetzt suchen, ist die im Menschen aller Menschen gesteigerte Gestalt dieser verborgenen Systole, dieses urbildlichen Abstiegs, wodurch allein dieser eine zum Menschen aller Menschen wird.

Der Mensch ist zunächst Art unter Arten. Aber diese Art ist mehr, sie ist die Art aller Arten. Eine urbildliche höhere Wirklichkeit ist in dieser Sonderart naturhafte Erscheinung geworden. Dieser Zuwachs von oben veränderte aber nicht die Zahl der Wesensglieder. Zwar hat schon eine Überformung stattgefunden, so daß von einem Mehr gegenüber den Arten der Tiere gesprochen werden darf, aber noch nicht von einer Vermehrung der Wesensglieder. Wenn wir jetzt also nach einer Wiederkehr und Steigerung dieser Verhältnisse auf dem höheren Niveau des Personalen fragen, nach dem Menschen aller Menschen, dann darf erwartet werden, daß auch dieses Phänomen, diese verborgene

Systole in gesteigerter Gestalt wieder da ist. Hier liegt das tiefste Geheimnis dieser einen Individualität. Dieser Mensch aller Menschen ist zunächst ein Mensch unter Menschen wie wir alle. Aber in diesem einen muß etwas leben, das sich als eine Urbildlichkeit, als ein Geistig-Himmlisches in ihm verkörpert hat, ein Urmenschliches in diesem einen Menschen, ohne daß dadurch eine Vermehrung der Wesensglieder stattgefunden hätte. Und weiterhin muß sich auf neuem Niveau wiederholen, daß dieser Mensch aller Menschen seinen Sinn, seine Bedeutung nicht nur in sich selber hat und in sich selber trägt, daß er darüber hinaus zur empfangsbereiten Hülle für einen neuen Inhalt vorbereitet ist, zum Träger eines neuen Reiches, dessen untere Natur er werden soll.

Dieses Erscheinen eines neuen Reiches mitten in der Geschichte der Menschheit ist ein einzigartiges, ein stammesgeschichtliches Groß-Ereignis: Es kann nichts anderes sein als die Inkarnation des Christus in dem dazu vorbereiteten Menschen aller Menschen. Dieser Mensch aller Menschen enthüllt sich damit als Jesus von Nazareth. Er entspricht auf höherem und neuem Niveau der Rolle, die auf niederem Niveau der Art aller Arten zukam. Beide sind Vorstufen und Brücken zu einem neuen Reich. Die Reichswerdung selbst ist ein systolischer Prozeß, eine Vereinigung dessen, was vorher noch getrennt war und auch in der Getrenntheit schon zueinander gehört. Die Ichwerdung der Art ist eine Systole, ist Schöpfungsakt, der sich in Urvergangenheit ereignet hat. Man nennt ihn Hominisation. Dieser Ausdruck trifft nicht ganz zu, denn ein homo, ein Mensch, war diese Art auch schon vor ihrer Ich-Stufe.

Diese zweite und neue Stufe der Ichwerdung, diese neue Systole kann man auch Christifikation nennen, die Christgeburt in dem einen Menschen Jesus von Nazareth. Hominisation und Christifikation – ein Ausdruck, den Teilhard de Chardin gebraucht – verhalten sich zueinander wie die Ichgeburt der Vielen zu der Ichgeburt des Einen. Die abbildhafte Vielheit offenbart ihr Ziel in der urbildlich einen Ich-Geburt, der Geburt des Ich aller Iche, des Christus in dem Jesus.

Vor dem Ereignis der Systole, der Vereinigung der beiden noch getrennten Naturen, sind diese Vorstufen der neuen Reiche noch eigene, selbständige Wesen und ohne die endgültige Bindung an das neue Reich. Das gilt für die Art aller Arten und auch für den Menschen aller Menschen. Für die Art liegt dieser Zustand weit in der Vergangenheit und kann nur als eine urangelegte Getrenntheit der beiden Partner oder Naturen erschlossen werden. Für den Menschen aller Menschen aber gehört dieser Zustand der Geschichte an und braucht nicht erschlossen zu werden, weil er uns in der Individualität des Jesus von Nazareth bekannt ist. Nach dem Ereignis der systolischen Vereinigung, der Ichwerdung der einen Art und der Christwerdung des einen Menschen, werden diese zunächst noch eigenen Wesenheiten zur unteren Natur des jeweils neuen Reiches. Auch dann bilden sie immer noch die Brücke zu dem Reich, dem sie entstammen und mit dem sie besonders verwandt sind: die Art zum Reich der Tiere und der Jesus zum Reich der Menschen. Unsere Artnatur macht uns immer noch tief verwandt mit dem Reich der Tiere. Im Jesus aber ist der Christus tief verwandt mit dem Menschenreich.

Wir sprachen von der Ich-Geburt der Vielen, von der Hominisation, und sprachen von der Ich-Geburt des Einen, von der Christifikation. Diese sind die beiden großen systolischen Phasen der Menschheit, die Entstehung der alten Menschheit und der Beginn einer neuen Menschheit durch Christus in dem Jesus von Nazareth.

Wie so oft bei extrem weit gespannten Polen müssen wir uns fragen, ob es zwischen diesen beiden Phasen, der Hominisation und der Christifikation, nicht noch eine mittlere Phase systolisch geeinter Zweinatur gibt, die Gestalt einer Ich-Geburt, die zwischen diesen beiden Phasen liegt. Es kann sich dabei um niemand anderes handeln, als um den Menschen aller Menschen, den besonderen Repräsentanten der Menschheit als Art. Wenn er auch ein Mensch unter Menschen ist, ein Mensch wie wir alle, so ist er doch auch mehr als wir alle. Das Rätsel seiner Individualität umfaßt dann auch das Rätsel seiner zwei Naturen. Dieser Frage widmen wir uns im folgenden Kapitel und noch einmal in den Kapiteln 10 und 11.

6. Der Mensch aller Menschen und das Rätsel seiner zwei Naturen

Wir suchen nach einer Antwort auf das noch ungelöste Rätsel der geeinten Zweinatur des Menschen aller Menschen, der in ihm inkarnierten Urmenschlichkeit.

Der Mensch als Art unterscheidet sich hinsichtlich seiner Wesensglieder oder Seinsstufen nicht von den Arten der Tiere. Beide haben nur drei Wesensglieder: den physischen Leib, den Ätherleib und den Astralleib. Und doch ist diese Art mehr als tierische Arten sind, und zwar nicht durch ein neues Wesensglied, sondern dadurch, daß sie zum Träger eines Urbildes wird, daß sich in dieser einen Art die urbildliche Einheit aller Arten bis zur sinnenhaften Anschauung verdichtet.

Und nun denken wir an die gesteigerte Gestalt des Phänomens beim Menschen aller Menschen, an die neue Stufe der gleichen Erscheinung. Die neue Stufe besteht darin, daß zu den drei Wesensgliedern noch das vierte, das Ich, hinzukommt, daß wir es hier also mit einer geeinten Zweinatur von Art-Exemplar und Individualität zu tun haben. Aus dem Stilgesetz ist zu erwarten und sogar zu fordern, daß auch hier dieser neue Mensch mehr ist als wir alle, ohne daß ein neues Wesensglied hinzugekommen ist, daß sich auch in ihm eine geheime Systole vollzogen haben muß. Bei der Art aller Arten ist es das urbildlich Eine der Arten-Vielheit, ein Übersinnlich-Geistiges, das sich mit dieser einen Art verbindet und sie dadurch zur Art aller Arten zusammenrafft, zum Ur-Tier oder auch zum Ur-Menschen, diesen aber nur vom Aspekt der Art. Wenn sich nun dieses Phänomen in Gestalt einer Steigerung beim Menschen wiederholt, dann muß auch hier ein Urbildliches, ein Übersinnliches oder Himmlisches in diesen einen Menschen eingezogen sein, ein Urmenschliches, wodurch er zum Repräsentanten der Vielen wird. Wir sprachen schon einmal von dieser urbildlichen

Einheit, von Christus. Doch das wäre hier schon zu weit gegriffen. Denn wir sind noch in der Vorstufe des Christus, wir meinen den Jesus von Nazareth. Ein Ich aller Iche kann es nicht sein, was da in dem Jesus als Geheimnis von himmlischer Abkunft lebt. Aber was ist es denn?

Richten wir diese Frage an die beiden Naturen; denn dieser Jesus ist ja ein Wesen wie wir alle mit geeinter Zweinatur. Sollte das Gesuchte in einer der beiden Naturen liegen, die zum Träger der himmlischen Urbildlichkeit aufgestiegen ist? Beide Naturen können es nicht sein; denn dann wären wir schon im Reich des Christus. Es kann also nur eine dieser beiden Naturen sein. Und wir sagten schon, welche es auf keinen Fall sein kann, nicht die Ichwesenheit des Jesus. Diese müßte dann als das Ich aller Iche erscheinen, das wäre schon das neue Reich. So kann es nur die untere der beiden Naturen sein, das arthafte, adamhafte Hüllenwesen, dieses aber als Träger der urbildhaft himmlischen Urgestalt dieser unteren Natur, die Hülle aller Hüllen.

Man könnte hier einwenden, die urbildliche Einheit aller Art-Exemplare, das höhere Wesen dieser Menschenart, sei auch ein eigenes Arten-Ich wie bei den Tieren. Nun ist aber beim Menschen das Ich dieser einen Art immer schon durch das Reich repräsentiert. Art und Reich gehören so zusammen wie bei jedem Menschen Art-Exemplar und Ich. Auch dann, wenn man mit der Möglichkeit rechnet, daß es zu der Sonderart Mensch ein arteigenes, adamhaftes Ich gibt, ist jetzt aber in unseren Zusammenhängen nicht dieses gemeint, sondern die urbildliche Einheit der Exemplare selber, also ein Exemplar aller Exemplare, ein noch ichloses Ur-Exemplar. Also die höhere, himmlisch-urbildliche Einheit der vielen Art-Exemplare der Menschen ist kein Arten-Ich, sondern das Urwesen aller gestreuten Vielheit der unteren Natur des Menschen, noch ohne ausgesprochene, ichhafte Individualität, aber doch von hoher Wesensstufe. Nur das ist das Urmenschliche in dem Menschen aller Menschen, in dem Jesus von Nazareth, nicht sein Ich.

So muß das Ich dieser Jesus-Individualität noch zu der Region gehören, zu der auch die Iche aller anderen Menschen gehören, ein Menschen-Ich noch aus den Zeiten seit der Hominisation. Doch darf man sagen, daß ein Ich, das in einer so hohen unteren Natur wohnt und wirkt, auch einen Wesens-Bezug zu diesem adamhaften Menschheits-Urbild haben muß. Darum ist es undenkbar, daß dieses Ich von einer gleichgültig niederen Entwicklungsstufe sein könnte. Denn was heißt es, daß die untere Natur des Jesus schon von urmenschlicher Höhe ist? Es heißt doch, daß sie nicht mehr nur aus der Region der Vielen stammt, sondern daß hier ein Menschliches schon zum Träger des Übermenschlichen, des Stammes, des Phylum, aufgestiegen ist und damit schon zum Reich des Christus gehört. Ein Ich, das in einer urbildlich hohen, dem Phylum angehörenden Natur lebt und wirkt, muß schon in einer besonderen Schicksals-Verwandtschaft und Wesensnähe zu diesem Menschheitsstamm stehen. Denn diese untere Natur im Jesus von Nazareth ist ja berufen, einmal das Christus-Ich in sich aufzunehmen.

Nach alledem erkennen wir, daß es zum Geheimnis dieses Menschen aller Menschen, des Jesus, gehört, ein Mittel- und Mittlerwesen zwischen den beiden Reichen zu sein, zwischen dem Reich der Menschen und dem neuen Reich des Christus. Er hat Anteil an beiden. Er ist in seiner oberen, der Ichnatur ganz Glied der Menschheit, noch ganz aus der alten Schöpfung stammend, wenn auch auf besonderer Höhe seiner Entwicklung. In seiner unteren Natur dagegen ist er schon Phylum, gehört er schon zum Menschheits-Stamm, zur Region des Christus. So ist er noch halb ein menschliches und halb schon ein göttliches Wesen. In ihm ist der Mensch auf dem Wege zu seinem göttlichen Urwesen und der Gott auf dem Wege zu seiner Menschennatur.

Niemand lasse sich durch solche Aussagen stören, auch wenn diese Ausdrucksweise für hohe und tiefe Geheimnisse profan und unangemessen erscheinen mag. Doch sie ebnet dem Denken Wege, das legitimiert ist, Allergrößtes zu fassen, zu tragen und zu hüten.

Mit diesen Betrachtungen sind wir dem einzigartigen Wesen des Menschen aller Menschen, dem Jesus von Nazareth näher gekommen. Denn seine geeinte Zweinatur ist etwas Außergewöhnliches, das sich von der geeinten Zweinatur aller anderen Menschen grundsätzlich unterscheidet. Es konnte gezeigt werden, daß die untere dieser beiden Naturen, der Art-Anteil, schon zum Träger der urbildlichen Stammesnatur geworden ist. Urmenschliches ist hier zu einem individuellen Wesensglied verdichtet worden. Jetzt erst kommen die Fragen, die auf noch größere Geheimnisse dieses Jesus und seines Lebens hindeuten. Denn jede geeinte Zweinatur ist eine systolische Phase, der eine diastolische Phase vorausgegangen sein muß. So muß auch der geeinten Zweinatur des Menschen aller Menschen eine Getrenntheit seiner beiden Naturen vorausgegangen sein. Ist diese Getrenntheit und ihre systolische Vereinigung von der gleichen Natur wie bei allen anderen Menschen auch? Oder ist bei dieser Getrenntheit und ihrer darauf folgenden systolischen Vereinigung mit einem Sondergeschehen zu rechnen, das dem Wesen dieses Sondermenschen entspricht und sich grundsätzlich von dem Geschehen bei allen anderen Menschen unterscheidet? Wie aber nun könnte dieses ganz Andere und Einmalige geartet sein?

Fragen wir also zunächst einmal, wie denn die entsprechenden Verhältnisse bei allen anderen Menschen sind. Wie ist die Art und Weise der Getrenntheit ihrer Naturen? Wie ereignet sich ihre systolische Vereinigung?

Die Getrenntheit ist immer auf zwei verschiedene Welt-Dimensionen verteilt. Die untere Natur kommt aus der physisch-realen Welt, während die obere Natur, das Ich, aus dem Übersinnlichen herab- und hereinkommt.

Die Inkarnation oder die systolische Vereinigung der beiden noch getrennten Naturen ist immer eine Durchdringung des naturhaft Physischen mit dem übersinnlich Geistigen, ein Aufsteigen und Absteigen. Kann es aber eine andere Gestalt dieser Getrenntheit und einen anderen Weg zur systolischen Vereinigung geben? Worin könnte oder sollte denn eine Besonderheit bei dem Menschen aller Menschen liegen? Doch nur darin, daß diese vorausgehende diastolische Getrenntheit der beiden Naturen nicht auf diese beiden genannten Dimensionen verteilt ist, sondern nur einer Dimension angehört, der physisch realen, naturhaften und geschichtlichen Wirklichkeit. Wenn man bereit ist, diesen Gedanken weiter zu verfolgen, so gibt es nur die Annahme, daß diese beiden Naturen verteilt sind auf zwei geschichtlich nachweisbare, konkrete Menschen, von denen der eine ein Repräsentant der unteren Natur ist, der andere ein besonderer Repräsentant der oberen Natur des Menschen. Anders ist es nicht denkbar. Das aber würde bedeuten, daß sich beide vom Urgrund ihrer Herkunft entfernen.

Der eine steigt nicht mehr so tief aus den tragenden Fundamenten der Natur auf, sondern kommt aus einer schon lange sich entwickelnden Menschlichkeit. Der andere kommt auch nicht direkt aus der Transzendenz, sondern beginnt auch im Historischen.

Wenn aber die beiden Partner dieser diastolischen Phase schon ganz dem Historischen angehören, der geschichtlichen und sozialen Wirklichkeit, dann muß auch die systolische Vereinigung ein Geschehen sein, das der geschichtlich-sozialen Realität angehört. Diastole und Systole lägen dann beide im Raum historischer Wirklichkeit.

Unsere Betrachtungen begannen mit dem Geheimnis der geeinten Zweinatur des Menschen aller Menschen, also des Jesus von Nazareth. Dieses Geheimnis zieht aber ein zweites Geheimnis nach sich, das Rätsel einer vorausliegenden Getrenntheit beider Naturen. Und dieses zweite Geheimnis gebiert aus sich heraus die dritte und größte Rätselfrage nach dem »wann« und »wie« einer neuen systolischen Konvergenz.

Angesichts solcher Probleme könnte man mutlos und skeptisch werden und sich fragen: Werden wir da nicht zu Fragen verlockt, die gar keine sind? Verlieren wir uns nicht in einem ausweglosen Gewirr von Hypothesen, Vermutungen und Behauptungen, weil wir von falschen Voraussetzungen ausgehen?

Bei ruhiger Betrachtung lassen sich keine falschen Voraussetzungen entdecken. Wir haben es offenbar mit Realitäten zu tun. Deshalb fragen wir jetzt, ob nicht in den Traditionen und in den heiligen Büchern des Christentums Anhaltspunkte und Hinweise zu finden sind, die mit diesen merkwürdigen Fragen zu tun haben. Vielleicht deuten sie von ferne und ganz behutsam darauf hin. Gleichzeitig verhüllen sie das Geheimnis und verschweigen es. Wir werden zunächst aufmerksam auf die viel umstrittene Tatsache der zwei Geburtsgeschichten, der beiden fundamental verschiedenen Weihnachtsgeschichten bei Lukas und bei Matthäus. Durch die vielen Krippenbilder und Krippenspiele sind wir seit Jahrhunderten daran gewöhnt, beides in einer Szene zu erleben, und vergessen oder übersehen dabei, daß es zwei ganz verschiedene Szenen, zwei verschiedene Geburtsgeschichten sind.

Und dann gibt es eine andere, nur diese eine und rätselhafte Begebenheit im Leben des Jesus zwischen Geburt und Taufe im Jordan, die Verwandlung des Zwölfjährigen beim Passah im Tempel zu Jerusalem.

Noch wissen wir nicht, wie wir solches und anderes mit unseren Fragen in Zusammenhang bringen können und dürfen. Doch eines ist schon sicher: Ganz bedeutungslos können die Spuren nicht sein, auf die wir durch unsere Untersuchungen und Betrachtungen gestoßen sind. Doch wollen wir es zunächst bei diesen Andeutungen bewenden lassen, um Behauptungen zu vermeiden, die noch nicht genügend begründet erscheinen müssen. Wir verfolgen weiter die Methode, die wir bisher verfolgt haben: In erster Linie sind wir nicht an Traditionen orientiert, sondern an den Runen und Strukturen der Stilprinzipien der Weltarchitektur und an den Konsequenzen, die sich daraus ergeben.

Was auf diesen Wegen über die zwei Naturen des Menschen aller Menschen, des Jesus von Nazareth, hat gesagt werden können, ist gut begründet. Es ist so bedeutsam, daß es wie ein Schlüssel empfunden werden kann, der uns helfen wird, noch weitere verschlossene Türen zu öffnen und hinter ihnen liegende verborgene Rätsel zu lösen.

7. Die Art und das Geheimnis einer Menschheits-Urgestalt

Wir sprachen vom Menschen aller Menschen und von der Besonderheit seiner geeinten Zweinatur. Die untere seiner beiden Naturen macht das Geheimnis dieser Individualität aus. Denn hier erscheint das Arthafte als übermenschliche oder besser als himmlisch-urmenschliche Wesenheit. Diesem Geheimnis wollen wir jetzt weiter nachsinnen.

Die Art aller Arten und die vielen Arten der höheren Tierwelt verhalten sich zueinander wie die urbildliche Einheit zur abbildhaften niederen Streuung. Aber beide sind real in der physischen Welt vorhanden. Einheit und Vielheit sind hier zum ersten Mal nicht auf zwei Dimensionen verteilt wie sonst überall in der Architektur der Reiche – die Einheit als das begrifflich Ideelle, die Vielheit als das physisch Reale –, sondern beide gehören zur gleichen Stufe, zur gleichen Dimension, zur gleichen Kategorie, beide stehen auf der Stufe einer biologischen Art. Die Sonderart und die vielen Arten verhalten sich zueinander, wie sich in der Musik das Thema zu seinen Variationen verhält. Der Mensch ist das Thema, und die Tiere sind die weit ausgefächerten Variationen dieses Themas. Mit der Sonderart ist die Brücke zu einer neuen Stufe des Menschseins geschlagen, zur Stufe der ichbestimmten und ichgeprägten Persönlichkeit. Diese Stufe ist seit der Hominisation, der großen Systole, erreicht. Damit gibt es eine neue Vielheit, den großen Reichtum an menschlichen Individualitäten.

Dieses Verhältnis von Vielheit und einer sie überhöhenden Einheit wiederholt sich noch einmal in der Partnerschaft der vielen Menschen zu dem einen Menschen aller Menschen. Der unmittelbare Schritt von der Art aller Arten zum Menschen aller Menschen ist offenbar zu groß. Der Mensch aller Menschen ist zwar eine Steigerungsgestalt der Art aller Arten. Diesem Steigerungsgrad muß aber noch ein anderer von niederem Rang vorausgehen. Wir fragen also, ob es zwischen der Vielheit der Arten und der gesteigerten Vielheit der Individualitäten noch eine andere, beide vermittelnde Vielheit gibt, ob es zu einer solchen vermittelnden Vielheit auch eine sie überhöhende Einheit gibt.

Es ist nicht schwer, eine dritte und mittlere Vielheit zu finden. Denn zur Einheit der Art gehört immer eine Vielheit ihrer Exemplare. Auf die erste Vielheit der Arten folgt also nicht gleich und unmittelbar die Vielheit der Personen, sondern die vermittelnde Vielheit menschlicher Art-Exemplare. Denn ohne diese Vielheit der Art-Exemplare könnte es gar nicht diese andere Vielheit geben, die Vielheit der Personen. Diese vielen Exemplare sind unerläßliche Voraussetzung für die neue Vielheit der Personen. Die vielen Art-Exemplare sind natürlich eng mit den Individualitäten verbunden, aber sie sind auch die Voraussetzung dafür, daß es überhaupt die vielen Personen gibt.

Schwerer ist es nun, auch von einer Einheit zu sprechen, die diese Vielheit der Art-Exemplare wie ein Exemplar aller Exemplare, wie ein Ur-Exemplar, wie eine Ur-Hülle überhöht – kein Ich zu diesen Exemplaren, sondern eine Einheit vom gleichen Rang und Niveau der Exemplare, also ein Exemplar unter Exemplaren und doch mehr als sie alle, das Exemplar aller Exemplare, die Hülle aller Hüllen.

Jedes menschliche Art-Exemplar ist das Inkarnationsbett für ein Ich, für eine Individualität. Diese vorausgehende Vielheit der Art-Exemplare wird leicht übersehen oder bleibt unbeachtet, weil sie unlöslich mit der Personen-Vielheit verbunden ist und dort die untere der geeinten Zweinatur bildet. Spricht man also von den vielen Menschen schlechthin, so sind darin die beiden anderen Vielheiten enthalten, die Vielheit der Art-Exemplare und die Vielheit der Reichs-Exemplare. Das aber ist die Vielheit der Individualitäten. Die Vielheit der Art-Exemplare geht voraus, ohne sie gibt es nicht die andere Vielheit, die große Zahl der Individualitäten.

Offen ist noch die entscheidende Frage, ob es zu dieser Vielheit der Art-Exemplare auch eine sie überhöhende Einheit gibt, ein Exemplar unter Exemplaren, das aber doch mehr ist als sie alle, ein Ur-Exemplar, aber noch nicht an ein Ich gebunden, ein Ur-Hüllen-Wesen als einzelner Mensch. Diese Ur-Hülle müßte dann in demselben Sinne Träger einer Urbildlichkeit sein wie auch die Art aller Arten. Zu den vielen Exemplaren würde dann auch eine sie überhöhende Einheit gehören, ein Sonder-Exemplar, eine Ur-Hülle als einmaliges und urbildhaft reales Menschenwesen, ein Urmenschliches mitten im Bereich der Menschen. Wir meinen nicht die im Geistbereich ideell wirkende, urbildliche Artwesenheit. Von dieser wurde schon im Kapitel 2 gesprochen. Diese noch zum Menschheits-Stamm gehörende Artwesenheit ist hier nicht gemeint, sondern wir fragen, ob dieses himmlische Urbild auch im physisch Realen eine sinnlich anschaubare Gestalt erfahren hat. Analog der Art aller Arten und analog dem Menschen aller Menschen muß man von einem Art-Exemplar aller Exemplare sprechen. Der Ausdruck ist nicht schön, man möchte ihn gern vermeiden und durch einen anderen ersetzen. Aber er kann zur Verständigung dienen; in dieser Rolle möge man ihn ertragen. Da das Exemplar immer die Hülle für die Ichwesenheit ist, könnte auch von einer Hülle aller Hüllen gesprochen werden. Es ist eine hohe Hüllen- oder auch Seelenwesenheit. Mit diesem Ur-Exemplar ist auch ein Mensch aller Menschen gemeint, jedoch nicht als geeinte Zweinatur, sondern nur vom Aspekt seiner arthaften unteren Natur. Dieses Ur-Exemplar wäre dann auch ein Mensch mit nur drei Wesensgliedern wie alle Art-Exemplare. Aber er wäre auch der physisch reale Repräsentant einer geistig-seelischen Höhe, Reinheit und Urbildlichkeit. Es geht also nicht um ein Menschenwesen mit geeinter Zweinatur, sondern um einen Menschen aller Menschen ganz nur vom Aspekt seiner unteren Natur. Diese aber nicht aus der Region der Vielen, sondern als versinnlichtes Urbild der Vielen, als der Einmalige unter den Vielen. Die höchste Stufe des Arthaften ist immer das Seelische. Dieser Eine müßte damit auch ein besonderer Repräsentant seelischer Tiefe und Vollendung sein. Statt daß wir aus der Vielheit der Menschen unmittelbar den Menschen aller Menschen mit geeinter Zweinatur hervorgehen lassen, müssen wir zuerst nach dem diesem vorausgehenden ersten Menschen aller Menschen fragen, nach dem Exemplar aller Exemplare, nach dem urbildlich einen Hüllenwesen als der ersten Stufe des real erschienenen Ur-Menschen. Wie darf man sich diesen ersten Menschen aller Menschen, diesen Urmenschen vorstellen?

Ein Menschenkind wäre geboren, noch ohne Ich, aber in seinem ganzen Wesen überformt und geprägt von der himmlischen Urbildlichkeit der Art. So wird dieses Kind zum Träger der Menschheits-Urgestalt. Das ist dann ein absolutes Sondergeschehen mitten in der Geschichte der Menschheit. Zugleich ist es entwicklungsgeschichtlich der neue Schritt, der zur neuen diastolischen Phase gehört, die sich an die Systole der Menschheit anschließen muß. Da es in der Folge von Systole und Diastole immer um die beiden Naturen geht, einmal diastolisch getrennt und dann wieder systolisch vereint, so geht es auch jetzt wieder um eine diastolische Getrenntheit dieser beiden Partner. Doch mit dem Exemplar aller Exemplare, mit dem Ur-Exemplar haben wir erst den einen Partner, ein entwicklungsgeschichtliches Novum.

Wo und wer ist der andere, der Repräsentant der alten Verhältnisse, der schon vorhandenen ichhaften Individualität? Er muß ein Vertreter der alten Stufe sein. Und auch er muß aus einer Vielheit der Personen aufgestiegen sein, aber noch nicht im Sinne einer Person aller Personen, noch nicht Träger eines Urbildes, sondern ein Mensch aus der Region der Vielen mit systolisch geeinter Zweinatur. Und doch muß er von ganz besonderer Höhe und Reife seiner Ich-Entwicklung sein, ein Mensch, der als Ich-Träger würdig ist, Partner dieser einen und erstmaligen Menschheits-Urgestalt zu sein.

8. Das Exemplar aller Exemplare, das Ur-Hüllenwesen als Stufe zum Menschen aller Menschen

Auf Systole folgt Diastole. Wenn die Menschheit eine Einheit von zwei Naturen ist, dann ist zu erwarten, daß in einer neuen diastolischen Phase die beiden Naturen wieder getrennt einander gegenüberstehen. Das kann natürlich kein Schritt zurück sein in eine Vergangenheit, in der sich die beiden Naturen noch vor der Hominisation, vor aller Geschichte getrennt gegenüberstanden. Damals gehörte nur die untere Natur, das Arthafte, ganz der physisch realen, naturhaften Welt an, während das Ich, die obere Natur, noch in einer transzendenten, geistigen Welt weilte.

Es gehört zur Stufe der weiterschreitenden Evolution, daß beide Partner auch in der Getrenntheit zur physisch-historisch realen Welt gehören. Die obere Natur, die ichhafte Geistgestalt, kann natürlich nicht als physisch reales Wesen existieren, sie muß an ein naturhaftes Exemplar gebunden sein und in Gestalt einer voll entwickelten menschlichen Individualität erscheinen. So steht das Exemplar aller Exemplare, das Ur-Hüllenwesen als Menschheits-Urgestalt einer voll entwickelten Individualität gegenüber, die ganz der Geschichte angehört und damit ganz aus dem Bereich der Vielen stammt. Einer der Partner in dieser neuen diastolischen Phase ist das zu erwartende Ur-Exemplar. Hier vollzieht sich die Herauslösung des Einen aus der Fülle aller Art-Exemplare, abgelöst von den Vielen und abgesondert von der Bindung an ein Ich, die reine, noch ichfreie Urgestalt. Es wird bei dieser Diastole also nicht eine schon vorhandene geeinte Zweinatur nachträglich wieder getrennt, um die untere Natur im Zustand der Ichlosigkeit zu bekommen. Was hier als ichfreie untere Hüllen-Natur erscheint, war nie mit einem Ich der Erdenmenschheit verbunden. Das Exemplar aller Exemplare übernimmt eine Rolle, die einmal in Urzeiten die ganze Art hatte, als sie in Erwartung einer Vereinigung mit dem Reich, mit der Ich-Stufe lebte. Wie einst die Art aller Arten auf die Ich-Geburt wartete, so steht jetzt ein einziges Art-Exemplar, das Exemplar aller Exemplare, in Erwartung seiner Begegnung und Vereinigung mit einem Ich. Dazu bedarf es aber eines Partners. Er ist das andere Glied der diastolischen Phase. Auch er ist ein Mensch unter Menschen, ein besonderer Repräsentant der Ich-Stufe der Menschheit. Er ist nicht das Ich aller Iche, nicht die geistige Urgestalt aller Menschen, vielmehr ist er eine besonders hoch entwickelte und durch Weltalter hin gereifte Individualität aus der Fülle der Menschen. Als Mensch ist er würdig und berufen, das Ur-Exemplar, die Ur-Hülle, zu ergänzen und zu erfüllen.

Die Art aller Arten ist Brücke und Vorstufe zum Reich der Menschen. Und auch der Mensch aller Menschen ist Brücke und Vorstufe zu einem neuen Reich, zum Reich des Christus. So muß aber auch das Exemplar aller Exemplare, die Ur-Hülle, eine Brücke und Vorstufe sein zu einer neuen Systole: nicht zu einem neuen Reich, sondern zu einer neuen Individualität, zu dem Menschen aller Menschen, Jesus von Nazareth.

Jeder Mensch als Wesen mit geeinter Zweinatur verdankt sein Dasein einem Art-Exemplar, in das sich das Ich als die höhere Natur einsenken kann. So sind es also die vielen Exemplare der Sonderart Mensch, die die vielen menschlichen Individualitäten möglich machen. Nun ist aber auch der Mensch aller Menschen, der Jesus von Nazareth, ein Wesen mit geeinter Zweinatur, ein Mensch wie wir alle. Auch er verdankt sein Dasein einem Exemplar der Sonderart Mensch, in das sich sein Ich inkarniert hat. Aber muß dieses Art-Exemplar nicht von einem ganz besonderen Rang sein, ja muß es nicht das Exemplar aller Exemplare, das Ur-Exemplar sein, muß es nicht die arthafte Urgestalt des Menschen sein? Wenn die Vielheit der Personen nur möglich ist durch die vorausgehende und vorausliegende Vielheit der menschlichen Art-Exemplare, dann kann auch die zu dieser Vielheit gehörende Einheit, also der Mensch aller Menschen, nur möglich werden durch ein Art-Exemplar, das Exemplar aller Exemplare. Der Mensch aller Menschen als systolisch geeinte Zweinatur ist nur durch dieses Ur-Exemplar überhaupt zu dem Rang einer Individualität aller Individualitäten aufgestiegen. Die geeinte Zweinatur des Menschen aller Menschen ist somit von einem ganz anderen Rang als sie bei den Vielen ist. Sie ist auch von ganz anderem Ursprung als bei allen übrigen Menschen.

Man muß sich die komplizierten Zusammenhänge immer wieder von neuem vergegenwärtigen, um sie im Bewußtsein zu halten. Darum wollen wir noch einmal gedrängt wiederholen, worum es geht: Es gibt eine Vielheit von Exemplaren der Sonderart Mensch. Zu dieser Vielheit muß es eine urbildliche Einheit geben, nicht das Arten-Ich und auch nicht eine übersinnlich-geistige Realität, sondern ein physisch reales Menschenwesen als Exemplar unter Exemplaren. Vielheit und Einheit sind nicht auf zwei Dimensionen verteilt, sondern Glieder der gleichen Realitäts-Stufe. Dann ist dieser Eine auch ein Mensch aller Menschen, aber nicht mit geeinter Zweinatur, wie wir ihn schon kennen, sondern ein Mensch aller Menschen nur vom Aspekt seiner unteren Natur.

Der tierischen Arten-Vielheit entspricht also nicht gleich die Steigerungsgestalt einer Vielheit menschlicher Personen, sondern eine Zwischenstufe als Steigerung ersten Grades: die Vielheit menschlicher Art-Exemplare.

Nun ist die Frage: Gibt es zu dieser Vielheit auch eine das Urbild repräsentierende Einheit von physisch-realer Seinsweise, also ein Ur-Exemplar, ein Exemplar aller Exemplare, eine Ur-Hüllen-Natur, eine sinnlich anschaubar und physisch real erfahrbare Idee des Menschen als Art- und Adamwesen, ein hüllenhafter, künftiger Träger höchster Ichheit? Es muß ein Einzelmensch sein, in dem ein übersinnlich Urmenschliches aufgenommen ist, wie das Ur-Tier in der einen Sonderart aufgenommen ist. Zur Vielheit der tierischen Arten fanden wir die geistige und zugleich naturhaft real gewordene Einheit in der Sonderart des Menschen. Urbildliches ist bis zur Sinnenhaftigkeit einer einzigen Art verdichtet. Nun steht auf höherem und neuerem Niveau für die Vielheit tierischer Arten eine andere Vielheit, die Vielheit menschlicher Art-Exemplare. Sie ist jedoch nicht gleich der Vielheit menschlicher Personen.

Wir wiederholen die Frage: Gibt es zu dieser Vielheit auch eine urbildliche Einheit, ein Exemplar aller Exemplare, einen Menschen aller Menschen, aber noch vor einer Begabung mit einem menschlichen Ich, und doch schon real und historisch? Auch hier hätte sich eine geheime Systole ereignet wie in der Art aller Arten. Das ist die Aufnahme einer urbildlichen Realität in einem einzigen, noch ichlosen Art-Exemplar. Daß es ein solches urmenschliches Wesen geben könnte, ist einzusehen, ob es sich aber auch physisch und historisch real zur Erscheinung bringen wird, bleibt eine Frage. Welche Rolle wird ein solches Wesen für den weiteren Gang der Evolution überhaupt spielen?

Zum weiteren Gang der Evolution gehört die neue Phase diastolischer Getrenntheit beider Naturen, dargestellt in zwei Einzelmenschen. Und eine dieser beiden Naturen muß dieser erste Mensch aller Menschen sein. Dieses Ur-Exemplar ist in dem gleichen Sinne ein urmenschliches Wesen, wie auch die Art aller Arten ein Ur-Tierisches repräsentiert. Denkt man sich dieses Urmenschliche einmal real erschienen, so wäre es ein Mensch noch vor der Ich-Stufe, aber nach einem Ich hin hoffen. Dieser Eine stünde wie ein Fremdling mitten unter den Vielen, die alle schon Ich-Träger geworden sind. Diesen Vielen gegenüber müßte er wie ein Mensch einer geistnäheren Urzeit wirken, fast paradiesisch zurückgeblieben. Und doch würde er sie alle überragen, weil in ihm ein höheres, himmlisches Wesen, die urbildhafte Artnatur mitten unter den vielen Personen erschienen wäre. Man könnte sagen: Ein Mensch noch vor dem Sündenfall. Sollte sich so etwas wirklich ereignen, was wäre damit geschehen?

Ein Zustand des Menschen aus vorhistorischen, ja geradezu mythischen Zeiten hätte sich noch einmal und eben nur einmal wiederholt, und dies auf einem neuen und höheren Niveau. Und dieser Eine wäre als einzelner Mensch das gleiche, was der Stamm, was die Art noch vor ihrer Ichwerdung war.

Dies alles ist zunächst nicht mehr als eine gedankliche Weiterbildung von Ideen, die durchaus realistisch und nicht hypothetisch sind. Dieser Eine wäre der Repräsentant der unteren Natur, der Artwesenheit des Menschen; er ist noch keine geeinte Zweinatur, sondern noch im

Zustande ihrer Getrenntheit. Er wäre die untere Natur, ganz für sich und an sich und ohne das Ich, aber schon der Menschheits-Stamm, ein Mensch aller Menschen vom Aspekt der arthaften, adamhaften, unteren Natur, offen zum Empfang höchster Urbildlichkeit.

Wir bedenken noch einmal: Ohne die vielen Exemplare der menschlichen Sonderart gäbe es keine Vielheit der menschlichen Personen. Sie alle sind nur möglich und wirklich durch die Vielheit empfangsbereiter Art-Exemplare, als Hüllen, in die sich das Ich inkarnieren kann. Wie sieht es aber aus bei dem Menschen aller Menschen, bei dieser gesteigerten Gestalt geeinter Zweinatur? Auch da ist ein Art-Exemplar der hüllenhafte Tragegrund für die Inkarnation eines Ich. Aber dieser Tragegrund als untere Natur ist von anderem und höherem Rang als bei allen Menschen. Er ist die menschheitliche Urgestalt, von der in Kapitel 7 die Rede ist. Ohne dieses eine Ur-Exemplar der menschlichen Sonderart gäbe es nicht den Menschen aller Menschen als Individualität. Denn auch er ist ein Wesen mit geeinter Zweinatur. Und seine untere Natur stammt aus der Artwesenheit, aber nicht von der relativ gleichrangigen Natur der Vielen, sondern als das einmalige und einzigartige Urwesen menschlicher Art-Natur. Wie alle Art-Exemplare ist auch dieses Ur-Exemplar eine offene, empfangsbereite Hülle für einen neuen und höheren Inhalt, für ein Ich. Bei einer Hülle aller Hüllen ist ein höchster Inhalt zu erwarten, das Ich aller Iche. Doch dieses kommt erst später bei der Taufe im Jordan. Was dazwischen liegt, ist eine vorläufige, aber unentbehrliche Inkarnation eines Ich in diese Urmenschengestalt. Damit haben wir schon eine ganz wichtige Antwort auf die Frage nach dem Rätsel der geeinten Zweinatur des Menschen aller Menschen, des Jesus von Nazareth. Später werden wir uns noch von anderen Seiten dem gleichen Problem nähern.

Die Art aller Arten besteht nicht nur für sich selbst und für sich allein, sondern sie weist über sich hinaus zu einem Partner, von dem sie noch getrennt ist. Mit ihm zu verwachsen, ist das Ziel ihrer Existenz. So entstand das Reich der Menschen.

Der Mensch aller Menschen als Wesen mit geeinter Zweinatur ist mehr als nur ein Mensch ganz für sich. Er ist die Brücke für eine neue

Systole, für die Entstehung und das Erscheinen eines neuen Reiches, das Reich des Christus.

Zweimal begegneten uns also diese gesteigerten Stufen, das eine Mal als Art aller Arten und das andere Mal als Mensch aller Menschen. Und beide Male erkannten wir in ihnen eine Brücke zu einer neuen Stufe, zum Reich des Menschen und zum Reich des Christus. Nun zeigt sich uns zum dritten Male eine solche gesteigerte Gestalt, das Exemplar aller Exemplare, ein Urmenschenhaftes ganz vom Aspekt der Art-Natur, eine urbildliche Realität.

Ein solcher Mensch aller Menschen kann seinen Sinn und seine Bedeutung nicht nur in sich tragen. Er weist über sich hinaus zu einem Partner. Und somit ist auch er eine Brücke, eine Vorstufe zu einer neuen systolischen Phase. Diese aber ist nicht die Systole eines neuen Reiches, sondern die Systole zu einer neuen Stufe menschlicher Individualität, das Erscheinen des Menschen aller Menschen, des Jesus von Nazareth. Diesen Menschen aller Menschen könnte es gar nicht geben ohne das vorausgegangene Ur-Exemplar, die erste Stufe eines Menschen aller Menschen. Wir durchschauen jetzt, daß etwas Wichtiges fehlt, wenn auf die Art aller Arten unmittelbar die Steigerung eines Menschen aller Menschen als geeinte Zweinatur folgen sollte. Er ist nicht die erste, sondern schon die zweite Steigerungsstufe. Denn voraus geht das Exemplar aller Exemplare. Auf die Art aller Arten muß als erste Steigerungsstufe das Art-Exemplar aller Exemplare folgen, die erste Stufe eines Menschen aller Menschen, der Urmensch. Ohne diesen ersten Menschen aller Menschen kann es die zweite Stufe eines Menschen aller Menschen, den Jesus von Nazareth, nicht geben. Und es gibt noch eine dritte, die letzte und höchste Steigerungsgestalt eines Menschen aller Menschen, das Urbild der gesamten Menschheit nach Art und Reich, durch alle Zeiten und Räume, den Jesus Christus.

So wie es ohne die erste Stufe eines Menschen aller Menschen, ohne die Hülle aller Hüllen, nicht die zweite Stufe, den Jesus von Nazareth, geben kann, so ist auch das Erscheinen der dritten Stufe, des Christus, ohne die zweite Stufe, den Jesus von Nazareth, nicht möglich.

Diese drei Stufen eines Menschen aller Menschen bilden eine Dreiheit. Die verbindende Mitte ist Jesus von Nazareth. Er gehört noch zur alten Menschheit, ist aber schon Menschheitsstamm. Die Pole dieser Dreiheit sind Beginn und Vollendung der »Christifikation«, der Verchristung des Menschen, Beginn und Vollendung der Vermenschlichung des Christus. So gehört zur »Christifikation« des Menschen polar und ergänzend die »Hominisation«, die Menschwerdung des Christus.

Wie es aber zur geeinten Zweinatur des Menschen aller Menschen, des Jesus von Nazareth, gekommen ist, diese Frage bleibt auch jetzt noch offen. In den Kapiteln 11 und 12 wird darüber weiteres dargestellt werden.

9. Drei Phasen systolisch geeinter Zweinatur: Die Menschheit, der Mensch aller Menschen und das neue Reich

Die Menschheit und das neue Reich des Christus sind im Sinne des rhythmischen Geschehens Phasen von systolisch geeinter Zweinatur. Entwicklungsgeschichtlich folgen sie nacheinander. Es widerspräche jedoch dem Wesen des Rhythmus, wollte man sie direkt und unmittelbar einander folgen lassen. Die Wege von Reich zu Reich sind komplizierter und verschlungener, als es auf den ersten Blick zu sein scheint. Jede systolische Phase ist Glied in einem Zusammenhang, zu dem auch die anderen, die diastolischen Phasen gehören. Im rhythmischen Ablauf des Geschehens gibt es zwischen systolischen Phasen noch die Phase einer Getrenntheit der Partner.

Fragen wir also nach einer diastolischen Mitte zwischen den beiden systolisch geeinten Reichen, zwischen dem Menschenreich und dem Reich des Christus. Was aber finden wir in dieser Mitte? Keine diastolische Getrenntheit der Naturen, sondern wieder eine neue Gestalt systolisch geeinter Zweinatur, den Menschen aller Menschen, Jesus von Nazareth (vgl. Kapitel 5 und 6). Jetzt sind es nicht nur zwei systolische Phasen, sondern drei, die einander folgen, und auch diese können nicht ohne diastolische Zwischenstufen auseinander hervorgehen oder nacheinander folgen.

Im Rahmen dieser drei systolischen Phasen (Fig. 3) muß es also noch zwei diastolische Zwischenstufen geben (Fig. 4), die uns noch beschäftigen werden. Wir richten unser Interesse zunächst nur auf diese drei systolischen Phasen (Fig. 3), und zwar auf das Ganzheitliche dieser trinitarischen Struktur. Dieses gestalthafte Ganze spricht für die Richtigkeit der Wege, die zu gehen wir entschlossen sind, gibt Vertrauen auch in die Möglichkeiten, von hier aus Aufschlüsse über die Rätsel der diastolischen Zwischenstufen zu bekommen. Denn wenn diese drei

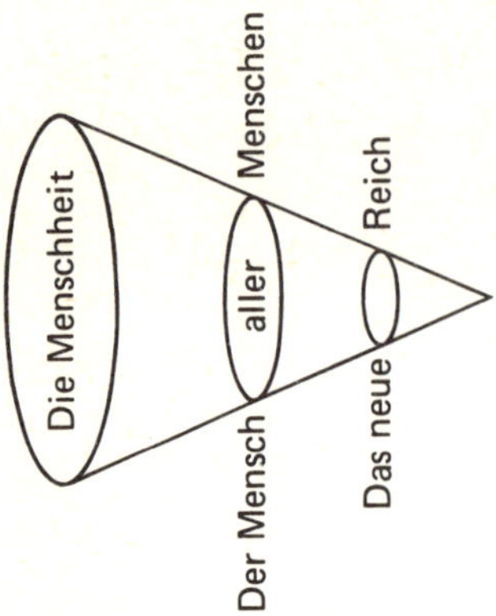

Figur 3

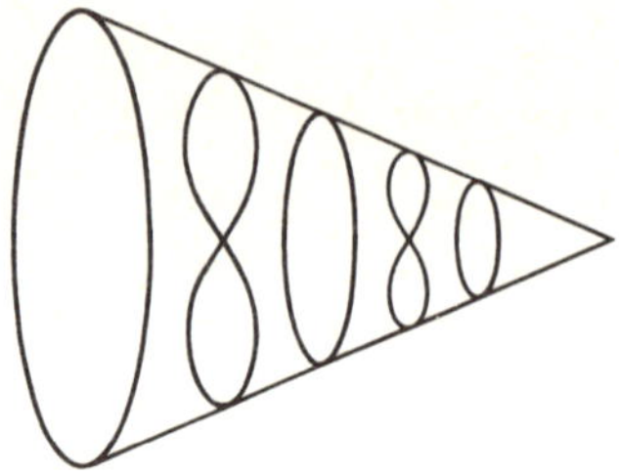

Figur 4

Phasen sich als ein gestalthaft Ganzes zeigen, dann müssen auch die noch fehlenden diastolischen Glieder von dieser sinnträchtigen Ganzheit mit umfaßt sein. Sie müssen alle fünf ein geist-organisches Ganzes bilden (Fig. 4). Nur im Zusammenhang von Systole und Diastole zeigt sich die ganze Wirklichkeit. Eine nachgewiesene trinitarische Struktur dieser drei enthält und umfaßt auch die sie ergänzenden und vollendenden diastolischen Phasen, in denen die Rätsel noch verborgen liegen.

Zwischen dem alten Reich des Menschen und dem neuen Reich des Christus fanden wir eine mittlere systolische Phase, den Menschen aller Menschen, den Jesus von Nazareth. Er verbindet das alte mit dem neuen Reich, ist mit seiner oberen Natur noch ein Glied des alten und mit seiner unteren Natur schon ein Glied des neuen Reiches. Allein diese Phänomene genügen schon, um den Charakter einer echten trinitarischen Struktur zu zeigen. Die erste und die dritte Systole, das alte Menschenreich und das neue Reich des Christus, verhalten sich wie die Pole in dieser Dreiheit. Das Polare kommt zunächst in der Steigerung zum Ausdruck. Was sich im Menschenreich als die große Zahl der Individualitäten zeigt, das erscheint im neuen Reich als die eine Menschengestalt, als die Individualität, in der die Vielheit der Personen und die Einmaligkeit des Stammes zu der Einheit einer und nur einer Individualität zusammengewachsen sind. Gestreute Vielheit und urbildhaft gesammelte Einheit stehen sich als Pole gegenüber.

Diese Verhältnisse beziehen sich auf beide Naturen. Es gibt in der Vielheit der Menschen noch diese beiden anderen Vielheiten, die der Art-Exemplare und die der Individualitäten. Und der Gegenpol dazu ist die urbildliche Einheit des Ich aller Iche in einem arthaften Menschen aller Menschen, dem adamhaften Hüllen- und Seelenwesen von himmlischer Höhe und Reinheit. Die systolische Einheit von Art und Reich ist in ihm zur systolischen Einheit der einen menschlich-göttlichen Individualität geworden. Der idealische Mensch nach Art und Reich ist in ihm ganz auch der empirische Mensch mit seinen zwei Naturen geworden. Die Idee der Menschheit wurde in ihm volle geschichtliche Realität.

In diesem Einen wird offenbar, daß Ideen personale Wesen sind. Sie haben die Rangstufe, die Dignität von Individualitäten; und umgekehrt hat alles Individuelle Teil an den Stufen des Idealen. Personen sind konkret gewordene Ideen, und Ideen sind ihrem innersten Wesen nach verborgene Individualitäten. Von diesem Aspekt aus gesehen ist in dem einen Menschen aller Menschen das »Himmelreich nahe herbeigekommen«.

Und so könnte auch für Philosophie und Wissenschaft ein neues Vertrauen in die Realität des Geistes wachsen und ein neues Vertrauen in die Geistigkeit alles Realen.

In diesem neuen Reich des Christus ist nun die höchste Steigerungsstufe eines Menschen aller Menschen erreicht. Zweimal schon ist ihm ein Mensch aller Menschen vorausgegangen. Aber erst in der dritten Gestalt zeigt er sich als der vollendete Urmensch, als Repräsentant der gesamten Menschheit durch alle Zeiten und Räume, der Mensch in Gestalt eines Gottes, der Gott in Gestalt eines Menschen.

Das mittlere Glied in dieser Dreiheit ist Jesus von Nazareth. Es erhebt sich die Frage, ob er als verbindende Mitte auch an diesen Polen von Vielheit und Einmaligkeit teilnimmt. Selbstverständlich kann sich in dem einen Menschen keine Vielheit von Menschen wiederholen, aber in seiner oberen Natur, in der Ichheit des Jesus, lebt der Anteil an der Vielheit menschlicher Iche. Zwar ist es nur das eine Ich, aber es gehört noch zur Region der vielen menschlichen Individualitäten. Anders ist es mit seiner unteren Natur. Da ist er nicht mehr gleichwertiges Glied einer Vielheit von Art-Exemplaren. Hier lebt schon die urbildliche Einmaligkeit. Und diese gehört schon zur Sphäre des neuen Reiches, des Christus-Reiches. Dieser Mensch aller Menschen als Jesus von Nazareth ist in jeder Hinsicht ein vermittelndes Wesen zwischen dem alten und dem neuen Reich. In seinen beiden Naturen lebt dieser zweifache Anteil. Hier begegnen sich Vielheit und Einheit, altes und neues Reich. Die untere Natur, das adamhafte Hüllen- und Seelenwesen, ist schon Christus verwandt. Sie ist schon die künftige untere Natur des Christus selber. Aber seine Individualität, seine Ichwesenheit gehört noch zur Region des alten Menschenreiches. Hier ist er noch Person im menschlichen Sinne, und in seiner unteren Natur ist er schon Stamm, ist Phylum des neuen Reiches. Vom alten Reich hat er die höchste Ausbildung des ichhaft Individuellen, und vom neuen Reich hat er schon die untere Stufe in urbildhafter Größe, Höhe und Reinheit. Der künftige idealische Mensch ist in ihm auf dem Wege zur empirischen Realität. Und der empirische Mensch harrt noch seiner Erfüllung und Steigerung zum idealischen Menschen.

Und noch in einer anderen Hinsicht gibt uns der Mensch aller Menschen als Mittelwesen einen bedeutenden Hinweis. Die drei systolischen Phasen sind das Ergebnis einer Konvergenz als Begegnung und Durchdringung von zwei Seiten her, aufsteigend und absteigend. Das systolische Ereignis hat in allen drei Fällen die Gestalt einer Ichwerdung, einer Ich-Geburt. Betrachten wir zunächst die beiden Pole. Die Ichgeburt der vielen Menschen vollzieht sich in der Kindheitsentwicklung. Als Stammes-Ereignis ist es die Hominisation, die sich individuell in jeder Kindheit wiederholt. Das ist der eine Pol. Seine höchste Steigerung ist die Christwerdung des einen Menschen, die Christifikation während der Taufe im Jordan. Diese höchste Gestalt der Ichgeburt vollzog sich also nicht in der Kindheit bei der Geburt, sondern im reifen Mannesalter. Und nun unsere allerwichtigste Frage: Wann vollzog sich aber die Ich-Geburt, die Systole bei dem Menschen aller Menschen, bei dem Jesus von Nazareth? Wenn er auch in dieser Hinsicht die Mitte zwischen den beiden Polen hält, dann kann diese Ich-Geburt weder ein Ereignis bei der Geburt und in der Kindheit sein, noch ein Ereignis im reifen Mannesalter. Es bleibt auch hier nur die Mitte, also die Jugend- oder Jünglingszeit.

Wenn man diesen Hinweis, der sich aus der trinitarischen Struktur der drei Phasen ergibt, durchdenkt, muß es ein Menschenwesen gegeben haben, ein ichloses Art-Exemplar von urmenschlicher, himmlischer Höhe. Dieser Knabe war ein geschichtlich reales Menschenkind und zugleich ein Wesen von übergeschichtlicher Urgestalt menschlicher Wesensart. Die offene Frage ist: Wie ereignete sich seine Ichgeburt, woher kommt das Ich dieser Individualität, das ja noch zur Region der alten Menschheit gehört? Der Mensch aller Menschen als Mittelwesen zwischen dem alten und dem neuen Reich konnte uns etwas sagen über den Zeitpunkt seiner Ichgeburt, über die Jünglingsjahre, in denen sie stattgefunden haben muß. Ob von dieser Mittellage her auch etwas ausgesagt werden kann über das Wie dieser Systole, über die Art und Weise, wie diese Vereinigung möglich wurde? Diese Frage muß hier noch offen bleiben.

10. Der Mensch aller Menschen und die Vorgeschichte seiner zwei Naturen

Das Geheimnis einer neuen Diastole

Es hat sich gezeigt, daß die drei systolischen Phasen zusammen eine trinitarische Struktur bilden, ein geist-organisches Ganzes mit zwei Polen und einer verbindenden Mitte. Nun ist es so weit, daß wir die noch fehlenden diastolischen Phasen in diese ganzheitliche Gestalt mit aufnehmen müssen. So ergibt sich eine Folge von fünf Phasen (Fig. 4), von denen uns zunächst die ersten drei besonders beschäftigen. Auch diese ersten drei der fünf Phasen bilden für sich wieder eine Dreiheit mit zwei Polen und einer verbindenden Mitte (Figur 5). Der Mensch (1) und der Mensch aller Menschen (3), also der Jesus von Nazareth, bilden die Pole. Was diese Phasen zu Polen macht, ist das Verhältnis von Vielheit und Einmaligkeit. Die verbindende Mitte zwischen diesen beiden systolischen Phasen muß eine diastolische Phase, eine Getrenntheit beider Naturen sein. Diese diastolische Mitte kann man von zwei Seiten her erreichen, zwei Wege führen dorthin. Der eine geht vorwärtsschreitend von der Menschheit aus, der andere rückwärts-

Figur 5

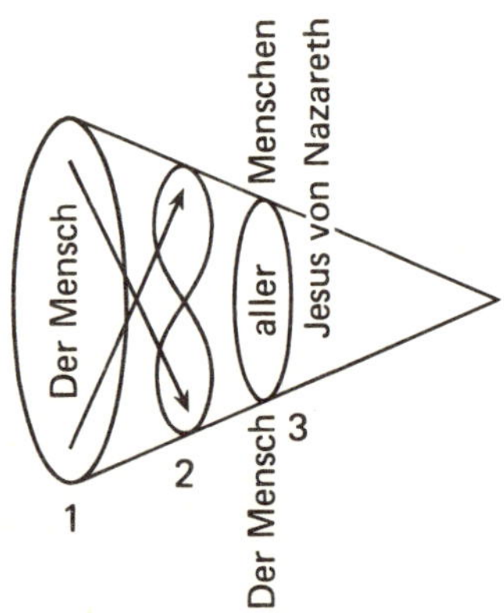

schreitend vom Menschen aller Menschen. Beide Wege führen zum gleichen Ziel.

Wir entwickeln die Probleme aus den uns bekannten Phänomenen. Manches ist uns schon vertraut, wir setzen es aber nicht voraus, sondern mühen uns, die Wege neu und wie erstmalig zu gehen. Das bringt zwar Wiederholungen, aber sie kommen doch dem Ganzen der Arbeit zugute.

Von der Menschheit aus gesehen ist diese Mitte ein Ziel, eine neue Stufe diastolischer Getrenntheit beider Naturen. Vom anderen Pol, vom Menschen aller Menschen aus gesehen, ist diese gleiche Mitte die Vorgeschichte, die Vergangenheit seiner geeinten Zweinatur. Was also in den zwei Naturen des Jesus lebt, muß vor dieser Einheit als eine Getrenntheit existiert haben, als zwei Wesen, die sich wie Partner gegenüberstanden.

Wir beginnen mit dem ersten dieser beiden Wege und fragen uns, wie man sich eine neue Gestalt diastolischer Getrenntheit beider Naturen vorstellen kann. Diese neue Phase ist natürlich nichts anderes als ein neuer Schritt im rhythmischen Gang der Evolution, der sich nach den gleichen Stilgesetzen vollzieht wie alle anderen vorausliegenden Schritte gleicher Art auch. In dieser neuen Partnerschaft vertritt der untere Partner den alten, bisher schon erreichten Zustand des Menschen, die Stufe ichhafter Personalität. Nur der obere Partner bringt das Novum, macht den eigentlichen neuen Evolutionsschritt offenbar.

Wir erinnern uns dabei an folgende Stufen: Die Pflanze ist der obere Partner des Mineralreiches, aber auch der untere Partner des höheren Reiches der Tiere. Das Tier ist wieder der obere Partner der Pflanze, aber gegenüber dem höheren Reich des Menschen wird das Tier zum unteren Partner. Es geht um diesen Rollenwechsel vom oberen zum unteren Partner. Gäbe es noch ein Reich über dem Menschen, so würde sich dieser Rollenwechsel auch beim Menschen vollziehen. Dem Tier gegenüber ist er ein oberer Partner, einem höheren Reich gegenüber müßte er aber zum unteren Partner werden. Da es dieses höhere Reich nicht gibt, setzt sich das Prinzip und die Evolution in den Menschen hinein fort. Dort also müssen sich ein unterer und ein oberer

Partner finden lassen. Damit sind wir im Bereich der zwei Naturen. Die Stufe ichhafter Personalität ist die höchste bisher erreichte Stufe, der gegenüber das Arthafte die untere Natur vertritt. Bei einem erneuten diastolischen Gegenüber der beiden Naturen muß sich der Rollenwechsel bei der oberen Natur ereignen, bei der höchsten Stufe. Wir können also jetzt schon wissen, daß in einer neuen diastolischen Phase diese höchste Stufe, also die Stufe ichhafter Personalität, zum unteren Partner werden muß. Wir können auch noch mehr wissen, es sind nicht alle Menschen, an denen sich dieser Rollenwechsel ereignet; aus der Vielheit der Personen ist nur Einer zu dem Schritt berufen. Dieser Eine ist noch nicht der Mensch aller Menschen, aber doch ein Mensch von besonderer Höhe seiner Entwicklung. Er muß dem Novum, dem zu erwartenden Partner gegenüber, gewachsen sein. Denn auch dieses Novum ist Einer und nur Einer, so daß beide Partner aufeinander hin orientiert und zueinander organisiert sind, füreinander gemeint und aufeinander zu komponiert wie die Blüte zur Biene und umgekehrt.

Es ist also nicht schwer einzusehen, daß bei einer neuen diastolischen Phase die bisher höchste Stufe des Menschen, die Individualität, durch Rollenwechsel zum unteren Glied einer neuen Partnerschaft wird. Schwer wird es dagegen, irgend etwas Konkretes über einen zu erwartenden oberen Partner auszumachen. Wer und von welcher Wesensart ist dieses Novum, ist dieser Andere? Es geht also jetzt um die Suche nach dem oberen Partner, nach dem entwicklungsgeschichtlichen Novum.

In der Stufenfolge der Reiche kennen wir bisher nur vier Seins-Schichten, das Physisch-Materielle, das Ätherisch-Lebendige, das Seelisch-Astrale und das Ichhaft-Geistige. Es war noch von keiner Stufe die Rede, die höher liegt als diese vier und die über das Ich hinausführt.

Damit ist nicht gesagt, daß es nicht Stufen gibt, die darüber hinausgehen. Die Weltwirklichkeit ist mit diesen vier Stufen nicht zu Ende. Denn zu jeder dieser vier Stufen gibt es noch ihre »nach oben hin sich erstreckende« geistige Vollendung. Aber davon wollen wir hier nicht sprechen. Wir bleiben bei der bisher höchsten Stufe, bei der Ich-Gestalt als Kern der Person. Im höchsten Ziel, in der Inkarnation des Christus, ist nur von dem Ich die Rede, von keiner Stufe, die höher liegt als das Ich. Worin besteht denn das Höhere, das Höchste des Christus, wenn wir auch hier nur von dem Ich sprechen, worin kommt das Novum dieses neuen Reiches zum Ausdruck? Er ist ja nicht nur ein Ich unter Ichen, eine Individualität vom gleichen Rang wie die Individualitäten der Menschen. Das Christus-Ich ist geistig-urbildliche Einheit, Fülle, Höhe aller Ichheit, es ist das Ich aller Iche. Und eben darin offenbart sich das, was höher ist als alles bisher Erschienene. Hier vollzieht sich einmalig, erstmalig und urbildhaft die Vollendung dessen, was in der Schöpfung schon als Individualität angelegt und vorbereitet ist. Es wäre also ein Irrtum, bei der weiterschreitenden Evolution gleich eine neue Stufe, ein neues Wesensglied zu erwarten, das höher liegt als die Stufe des Ich, als das vierte Wesensglied. Im letzten Konvergenzpunkt, in der Inkarnation des Christus in dem Jesus wird uns gezeigt, daß es bei aller weiterschreitenden Evolution und Schöpfung im Sinne der Welt-Architektur zuerst um die Vollendung des schon vorhandenen Menschen geht, also auch um die Vollendung und Steigerung des Menschen als eines Wesens mit geeinter Zweinatur von Art-Exemplar und Individualität.

Damit ist nicht gesagt, daß es nicht auch innerhalb des individuellen Menschen schon Evolutionsschritte gibt, die über das Ich hinausweisen. Doch diese sind zaghafte Vorstufen von Entwicklungsstadien, deren eigentliche Entfaltungen noch in ferner Zukunft des Erdplaneten liegen. Im Sinne der Weltarchitektur, wie wir sie kennen, und im Sinne der Entwicklung von Menschheit und Erde gilt es zunächst, diese vierte Seinsstufe zu ihrer Vollendung zu bringen. Wenn wir davon ausgehen, kann eine neue Stufe in der Evolution der Menschheit, ein neuer Schritt im Aufbau der Architektur, nur etwas sein, bei dem das schon Vorhandene seiner Steigerung und Vollendung entgegengeführt wird. Diese Vollendung vollzieht sich auch stufenweise und beginnt sicherlich nicht im Bereich der oberen Natur, sondern in der unteren Natur, dem Arthaften des Menschen. Die Vollendung im Ich wäre schon das erreichte Ziel, das Ich aller Iche. Sie wäre schon das Erscheinen des Christus als Ur- und Vorbild aller Menschheit. Diesem Ziel muß ein anderes vorausgehen, das Erscheinen der himmlisch geistigen Adam- und Artwesenheit in einem konkreten Menschen. Wir sehen also deutlich, daß ein zu erwartendes Novum, der zu erwartende Partner des schon erreichten Menschheitszustandes, niemand anderes sein kann als eben dieser arthafte und adamhafte Urmensch, die erste Gestalt eines Menschen aller Menschen. Er ist der obere Partner in der neuen diastolischen Phase der Menschheits-Evolution. Was einst die obere Natur war, die ichhafte Individualität, wird nun durch Rollenwechsel zum unteren Partner. Und was einst die untere Natur war, wechselt seine Rolle und wird nun zum oberen Partner.

Ganz unbekannt sind uns solche Verhältnisse nicht, daß Niederes auf neuer Stufe sich als das Höhere zeigt. Denken wir noch einmal zurück an die vielen Tierarten, deren höhere Stufe und Entsprechung die vielen Personen sind. Sie sind eine höhere Erscheinungsgestalt der niederen Arten-Vielheit. Dieses Evolutionsphänomen wiederholt sich nun innerhalb der menschlichen Zweinatur in der diastolischen Phase. Zum arthaft Niederen des Menschen gehört ein arthaft Höheres und Oberes, eine urbildliche Ergänzung und Vollendung. Und nur diese ist es, die jetzt als Novum zum oberen Partner wird. Nur so ist es sinnvoll, von einer neuen diastolischen Phase in der Entwicklung der Menschheit zu sprechen.

Der bisher obere Partner, die ich-geprägte Individualität, wechselt ihren Ort, wechselt ihre Rolle und wird nun zum unteren Partner, während das bisher Untere zum oberen Partner wird. Dieser zweifache Rollenwechsel ist in Figur 5 durch die beiden Pfeile angedeutet. Beide wurzeln in einer Vielheit, der abwärts weisende Pfeil in der Vielheit der Individualitäten, der aufsteigende Pfeil in der Vielheit der Exemplare. Und das Ziel beider Pfeile ist nicht eine Vielheit, sondern jeweils nur ein Mensch, oben das Ur-Hüllenwesen, unten sein Partner als eine besondere Individualität. Beide Partner sind diastolisch getrennte Einzelmenschen, aber wesens- und schicksalsmäßig aufeinander bezogen, füreinander gemeint und dazu berufen, sich einmal systolisch ineinander aufzunehmen.

Die Zusammenhänge und Gedankengänge sollen hier zusammenfassend wiederholt werden. Die Möglichkeit eines neuen Evolutionsschrittes zeigt sich als eine neue diastolische Phase, die an die Systole der Menschheit anschließt. Die beiden Naturen stehen sich noch einmal, und zwar getrennt, gegenüber. Zur neuen Stufe gehört die Ausformung der Partner und ihrer Partnerschaft zu zwei Einzelmenschen. Vom unteren Partner wissen wir, daß er das Alte, schon Vorhandene vertritt. Der obere Partner bringt das Neue. Wenn ein neues Reich mit einem neuen Wesensglied erscheint, muß das bisher höchste seine Rolle wechseln und zum unteren Glied einer neuen Partnerschaft werden. So war in Urvergangenheit das Tier die höchste Stufe; es mußte diese Rolle aufgeben und zum unteren Partner des neuen Menschenreiches werden. So muß der Mensch seine Rolle als oberer Partner aufgeben, wenn ein neuer oberer Partner erscheint. Er wird nun zum unteren Partner dieses Neuen. Nach dem Stilgesetz muß die bisher höchste Stufe der Menschheit, die Individualität, ihre Rolle wechseln und zum unteren Partner werden. Aber nicht alle vollziehen diesen Rollenwechsel. Aus der großen Zahl der Vielen ist es nur ein besonders bevorzugter Mensch, der bestimmt ist, diese Rolle als unterer Partner in der neuen Diastole zu übernehmen. Wer aber ist der neue Partner, der zu der Rolle eines oberen Partners berufen ist? Mit Sicherheit kann es kein Mensch mit systolisch geeinter Zweinatur, keine ichhaft geprägte Individualität sein. Denn sie muß durch Rollenwechsel zum unteren Partner werden. Sie soll das schon Vorhandene des alten Menschenreiches repräsentieren. Aber kann der andere Partner, die bisher untere Natur, das Novum sein? Das wäre die exakte Umkehr der uns vom Menschen her vertrauten Verhältnisse! Die obere, ichhaft personale Natur wird zum unteren Partner, und das Art-Exemplar als untere Natur übernimmt die Rolle eines oberen Partners in Gestalt eines noch ichlosen Menschenwesens, das es seit der Hominisation nicht mehr gegeben hat. Dieses so Unwahrscheinliche wird dadurch möglich, daß das bisher untere und ältere, das arthafte Adamwesen seine bisher noch verborgene obere, himmlisch-urbildhafte Natur zur Erscheinung bringt. Es geht nicht um ein noch ichloses Art-Exemplar aus den Zeiten vor der Hominisation, sondern um eine untere Natur als Träger dieser adamhaften Urbildlichkeit. Dadurch wird sie zum oberen Partner.

Ein solcher Mensch ist dann ein einmaliges und einzigartiges Ereignis, ein Sonderfall aller Menschlichkeit mitten im Raum der Geschichte. Zu diesem ganz Außergewöhnlichen kommt noch hinzu, daß dieser Sondermensch nicht allein für sich besteht und bestehen kann, daß er einen unteren Partner haben muß, an den er gebunden ist. Dieser andere, untere Partner repräsentiert eine hohe Stufe ichhafter Persönlichkeit. Beide treten nicht nur schicksalsbezogen zusammen auf, sondern sind auch berufen, sich ineinander aufzunehmen, um zu der einen und neuen Gestalt geeinter Zweinatur systolisch zusammenzuwachsen.

Schon einmal gab es eine diastolische Phase, sie lag vor der Hominisation. Doch diese Phase ist lange überwunden. Damals war die Getrenntheit der Partner noch so, daß nur der untere Partner ganz in der physischen Wirklichkeit lebte, während der obere Partner, das Ich, noch in einer geistigen Sphäre wartete, bis seine Stunde zur systolischen Vereinigung mit dem unteren Partner kam. Den Nachklang davon haben wir heute noch bei jeder Geburt und Jugend-Entwicklung. Zu dem neuen Evolutionsniveau gehört es aber, daß beide Partner auch in der Getrenntheit zur naturhaften und geschichtlichen Realität gehören. Die Verteilung beider Partner auf zwei verschiedene Weltdimensionen ist überwunden. Diese neue Diastole kann damit gar nichts anderes sein als das Gegenüber von zwei Einzelmenschen, von denen jeder ein besonderer Vertreter der einen und der anderen Natur ist.

Zu dem gleichen Ergebnis kommen wir bei der rückwärts gerichteten Betrachtung, wenn wir den Blick vom Menschen aller Menschen in die Vorgeschichte seiner zwei Naturen richten. Gehen wir also von der geeinten Zweinatur des Menschen aller Menschen, des Jesus von Nazareth, aus und fragen nach seiner Vergangenheit in der vorausliegenden diastolischen Getrenntheit seiner beiden Naturen. Die Antwort wird uns von der neuen Diastole gegeben. Diese Vergangenheit liegt weder in einer naturhaften Vorgeburtlichkeit noch außerhalb der Geschichte, sondern im Raum der Geschichte. Wir finden eine Zweiheit von Partnern, zwei Menschen mitten in der Geschichte. Und auch die systolische Vereinigung dieser beiden Partner gehört ganz der Geschichte an.

Bisher haben wir die Frage vermieden, wer denn diese beiden Menschen sein könnten, ob sie uns aus der Geschichte der Menschheit auch mit Namen bekannt sind. Da immer schon der Jesus von Nazareth genannt wird, da es um das Rätsel seiner zwei Naturen geht, darf man vermuten, daß es beide Male ein Jesus-Wesen, ein Jesuskind ist; beide Male der Name Jesus. Der uns nun schon vertraute Jesus von Nazareth hat eine Vorgeschichte, in der der Jesus-Name zweimal erscheint. Das Jesus-Wesen hat also eine tief angelegte Zweiheit von Naturen, jede dieser Naturen ein Jesus, ein Jesushaftes. Erst in der Vereinigung beider ist es der Jesus von Nazareth zwischen seinem 12. und 30. Jahr, zwischen der Wandlungsszene im Tempel zu Jerusalem und der Taufe im Jordan. Achtzehn Jahre also hat es diesen Jesus von Nazareth gegeben. Vorher waren es die beiden Jesus-Knaben, und nachher ist es Jesus Christus. Die Einheit dieser beiden Jesus-Ströme ist der Mensch aller Menschen, das Menschliche auf seinem höchsten Niveau.

Aber die Frage ist noch offen, welcher von diesen beiden das Menschheits-Novum ist, das urbildlich Erstmalige, und wer der Repräsentant der ichhaften, reifen Persönlichkeitsstufe ist. Wenn man sich auf die beiden Geburtsgeschichten einläßt, die in den beiden Weihnachtsgeschichten gegeben sind, bei Lukas die liebevolle, himmlische Anteilnahme, die Hirten- und Armutswelt, bei Matthäus das königliche Weisheitselement,[15] dann ist es nicht schwer, in dem Matthäus-Bericht den Repräsentanten der ichhaften Individualität zu erkennen, bei Lukas das himmelsnahe Urbild des Menschen schlechthin, den Urmenschen.

Was wir bisher besprochen haben, ist die Vorgeschichte des Menschen aller Menschen, die diastolische Vorstufe seiner systolisch geeinten Zweinatur. So erscheinen die beiden Geburtsgeschichten in einem ganz neuen, untraditionellen und unkonventionellen Licht. Sie bekommen ein ganz neues Gewicht für die Probleme einer Christologie aus modernem Bewußtsein.

Die einzige Geschichte zwischen Geburt und Jordantaufe, der zwölfjährige Jesus im Tempel zu Jerusalem, hat mit der geheimnisvollen Systole im Leben dieses Menschen zu tun, indem aus den beiden Menschenkindern der eine Jesus wird. Rudolf Steiner war der erste, der aus seiner Geistesforschung heraus Licht in dieses Dunkel und Klarheit in diese tiefen Rätsel des Jesus-Lebens gebracht hat.[16]

11. Die Ich-Werdung der Vielen und die Ich-Geburt des Einen, des Menschen aller Menschen, des Jesus von Nazareth

Das Geheimnis einer neuen Systole

Die drei Phasen systolisch geeinter Zweinatur, von denen in Kapitel 9 die Rede war, sind zugleich auch drei Stufen der Ich-Werdung, drei Gestalten einer Ich-Geburt. Zuerst waren es die vielen, noch ichlosen Exemplare des Typus Mensch, die empfangsbereit der Erfüllung mit dem neuen Wesensglied, dem Ich, entgegenwuchsen. Das Ereignis dieser ersten Systole ist das stammesgeschichtliche Geschehen der Hominisation. Mitten in der Geschichte und auf gesteigerter Stufe wiederholte sich dieses Ereignis bei der Menschheits-Urgestalt, als die Ur-Hülle, das Exemplar aller Exemplare erschien und seiner Ich-Geburt entgegenreifte. Diese zweite Stufe der Systole ist die Entstehung des Menschen aller Menschen. Er ist ein Repräsentant der Vielen, aber noch nicht auf der höchsten Stufe, die erst mit der dritten Systole sich ereignet, wenn das Ich aller Iche sich mit dem Menschen aller Menschen vereint, wenn der Jesus in der Taufe im Jordan zum Christophorus wird. Hier ereignet sich auch die Verschmelzung von Menschheits-Stamm und Person, hier wird eine Individualität identisch mit dem Phylum, mit dem Urbild der Menschheit. Diese Evolutionsschritte als individuelle und universelle Zuspitzung hin zu dem einen Menschen aller Menschen sind Vorbereitung und Vorbedingung für die Zukunft aller Menschen. Was auf diesem ganz individuellen Wege vorbereitend geschehen ist, das ist samenhafter Beginn für die Evolution der gesamten Menschheit und Erde in ferne Zukünfte hinein (vgl. Kapitel 16 und 17).

Hier geht es um die zweite systolische Phase, die Ich-Geburt des Einen, des Menschen aller Menschen, des Jesus von Nazareth. Über die Vorgeschichte seiner systolisch geeinten Zweinatur wurde im vorigen Kapitel gesprochen. Es ist die diastolische Phase, das partnerschaftliche Gegenüber der zwei Jesus-Kinder. Jetzt geht es um die Frage, was geschehen ist, daß aus zwei polar verschiedenen Menschenkindern, die beide Jesus heißen, die geeinte Zweinatur des einen Jesus von Nazareth wird, des Menschen aller Menschen.

Die beiden gehören zusammen und sind daraufhin veranlagt, in einer neuen systolischen Phase zur Einheit einer einzigen Individualität zusammenzuwachsen. Wie aber kann das geschehen und welchen Sinn hat dieses Ereignis für eine weiterschreitende Evolution?

Das letzte Ziel dieser Evolutionswege ist die Inkarnation des Christus in dem Jesus von Nazareth. Dieses Ziel wird aber nur in einzelnen Schritten erreicht. Die Phasen, von denen wir bisher gesprochen haben, sind Schritte dorthin, sinnvolle und notwendige Ereignisse auf den Wegen zu dieser dritten systolischen Phase.

Ein erster Schritt auf diesem Wege ist schon in der neuen diastolischen Phase zu erkennen. Denn das Erscheinen dieses ersten Menschen aller Menschen, des Ur-Exemplars, ist der Beginn einer Inkarnation des Stammes, einer Verdichtung der arthaften Urbildlichkeit in einem konkreten Menschenkind. Was im Stamm als Artwesen noch überirdisches Menschheits-Urbild ist, das steigt nun herab und wird zum ersten Male ein einzelner Erdenmensch, wird Menschenkind und irdisches Menschenwesen. Es ist noch nicht der ganze Stamm, der sich als Einzelmensch zeigt, sondern nur erst seine untere Natur.

Was diesem einen urbildhaften Menschen aber noch fehlt, um vollgültig auch ein Mensch unter Menschen sein zu können, das ist ein irdisch-menschliches Ich, eine Seins-Stufe, an der alle übrigen Menschen immer schon teilhaben. So muß dieser Eine in gewissem Sinne nachholen, was alle anderen ihm voraushaben. Er sucht auf Erden dasjenige, was ihm noch fehlt, das menschliche, geschichtsträchtige, Geschicke zeugende und tragende Ich. Er sucht es in Erdenverhältnissen und in der Realität der Geschichte. Absteigend hat dieser Eine sich von dem Reich, vom Urbild aller Ichheit trennen müssen, hat dasjenige oben zurückgelassen, was er nun auf niederer Stufe und in niederer Gestalt unten sucht und als menschliche Ichheit wiederfinden will und muß. Es gibt diastolische Trennung nicht nur in Erdenzusammenhängen, sondern auch in der Geist-Region der Urbilder. Die Einheit von Art und Reich muß also auch eine solche diastolische Trennung erfahren und erleben, damit das himmlische Art- und Adamwesen sich irdisch-menschlich verwirklichen kann. Beide wollen individueller Erden-Mensch werden, die Art und das Reich, beide wollen in die Geschichte eintreten und sich dort wieder als Einheit finden. Das aber kann nur im Nacheinander geschehen. So geht der eine, der untere, voraus, der andere, der obere, wird ihm nachfolgen. Das noch himmlische Adamwesen ist auf dem Wege zur Erde vorausgegangen, hat also verlassen und oben zurückgelassen, womit es vereint war, das Reich, das Urwesen aller Ichheit. So sucht er auf irdisch-geschichtlichem Felde eine untere, eine menschliche Gestalt und Stufe dessen, wovon er sich als dem Urbild aller Ichheit getrennt hat. Er muß es stellvertretend in sich aufnehmen, bis er das oben Zurückgelassene unten in Erdenverhältnissen wiederfindet.

Und was ist von dem anderen Partner zu sagen? Daß er überhaupt ein Partner dieses ersten, urbildhaften aber noch ichlosen Menschen geworden ist, spricht dafür, daß seine Nähe und Schicksals-Bezogenheit zum Menschheits-Stamm, zum Urbild aller Menschen groß sein muß, daß sein Rang als Individualität hoch ist. Dem einen der beiden Partner fehlt noch ein erdentüchtiges und geschichtserfahrenes Ich. Dem anderen, der hoch entwickelten Individualität, fehlt noch die Stufe des Stammes. Sein Ich ist Menschen-Ich aus der Region der Vielen, aus den Zeiten der ersten Ich-Geburt. Was ihm aber fehlt, das ist die Urbildlichkeit seiner unteren Natur. Zwar hat er eine untere Natur, ein Arthaftes, Adamhaftes. Aber auch dieses gehört noch zur Region der alten Schöpfung, auch dann, wenn ihm eine besondere Zubereitung zuteil geworden ist. Der eine, der Ichträger, sucht die höhere Stufe einer unteren Natur. So muß er das, was er schon hat, aufgeben, muß sich von ihm trennen, muß seine untere Natur verlassen, so daß sie als vom Ich verlassene Hülle siecht und stirbt. Und der andere, der Ichlose, er sucht im Gegensatz zu dem ersten eine menschliche Gestalt seiner höheren Natur. Diese höhere Natur aber ist das Reich, und eine ihrer niederen Erscheinungsformen ist ein Menschen-Ich. Der eine, der Ichträger, muß seine untere Natur aufgeben und gewinnt dafür ihre höhere Gestalt. Und der andere gibt seine höhere Natur auf, verläßt absteigend »das Reich«, um das Verlassene in einer niederen Erscheinungsform als Menschen-Ich zu gewinnen. Beide verlassen etwas, um das Verlassene auf neuer Stufe zu finden. Der eine verläßt die höhere Stufe der Ichheit und findet sie wieder in niederer, menschlicher Gestalt. Der andere verläßt die niedere Stufe seiner Hüllen-Natur und findet sie in neuer und höherer Gestalt wieder. Was dem einen fehlt, das hat der andere, und was dem anderen fehlt, das hat der eine. So sind beide schicksalhaft aufeinander angewiesen und aus tiefer, weisheitsvoller Weltnotwendigkeit und Weltenführung füreinander bestimmt und dazu berufen, der eine Mensch aller Menschen zu werden, die Vorstufe zu einem neuen Reich, zum Reich des Christus.

So ist sachlich beschrieben, worin das Wesen einer neuen systolischen Phase besteht und was als die Ich-Geburt des einen Menschen aller Menschen bezeichnet werden kann. Der eine von den zweien wird ein menschliches und geschichtliches Ich-Wesen, wie wir alle es sind. Und der andere gewinnt etwas vom Glanz menschlicher Urbildlichkeit, die uns allen fehlt. Und beide sind doch der Eine, sind als Einheit ein und derselbe, der Mensch aller Menschen, der Jesus von Nazareth. Sein Ich, seine obere Natur, ist noch von menschlicher Wesensart, wenn auch auf höchster, ältester, reicher und reifster Stufe. Und seine untere Natur ist schon von urbildhaftem, urmenschlichem Glanz erfüllt, ist das urmenschliche Geheimnis, das wir in dem Menschen aller Menschen suchten, als wir ihn mit der Art aller Arten verglichen und von der Steigerung einer verborgenen Systole sprachen (Kapitel 5).

Die Menschheit und der Mensch aller Menschen sind zwei systolische Phasen, zwei Stufen einer Ich-Geburt, die Ichgeburt der Vielen und die Ichgeburt des Einen, eine erste und eine zweite Gestalt der Hominisation. Dazwischen liegt die diastolische Phase, das Phänomen der beiden getrennten Menschenkinder. Alle drei Phasen bilden zusammen eine Dreiheit von einer ganz besonderen Gestalt. Diese Gestalt ist so eigentümlich, so auffallend, daß es sich lohnt, sie in einer besonderen Figur überschaubar zu zeigen. Anhand dieser Figur ver-

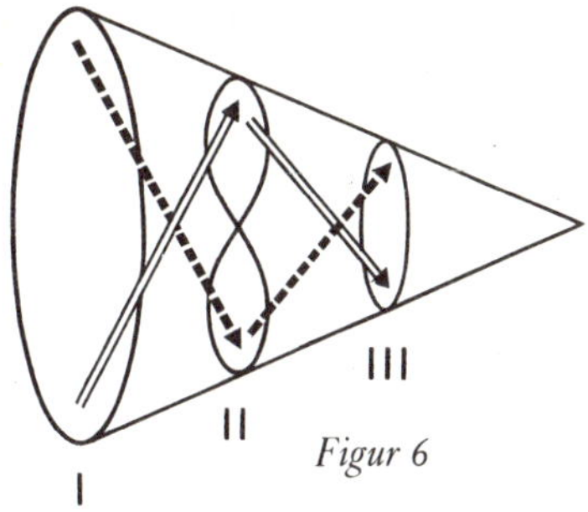

Figur 6

folgen wir die Wege eines jeden der beiden Partner durch alle drei Stufen und erkennen dabei die Umkehr der Verhältnisse.

In der ersten systolischen Phase (I) bildet das Ich der Vielen die obere der beiden Naturen. Es ist das Novum dieser Entwicklungsstufe. Bei dem neuen Evolutionsschritt, der neuen diastolischen Phase (II), muß das Ich die Rolle eines unteren Partners übernehmen. Nur einer der Vielen ist es, der berufen ist, in dieser neuen Phase diastolischer Getrenntheit der untere und ältere Partner zu sein, vorausschreitend an dem neuen Evolutionsschritt mit teilzunehmen. Seine Geburt wird uns als die Jesus-Geburt im Matthäus-Evangelium geschildert. In dieser neuen diastolischen Phase ist er der besondere Repräsentant der alten, ichtragenden Menschheit. Was geschieht nun in der dritten Phase (III) mit diesem Jesus des Matthäus-Evangeliums? Da geschieht wieder eine Auswahl, nun ganz intim im Rahmen dieser einen Individualität. Als Mensch aller Menschen hat er zuerst unter und hinter sich zurückgelassen die Vielen. Und nun wiederholt sich ein solcher Trennungsprozeß. Er läßt jetzt auch seine untere Hüllennatur zurück, während sein Ich sich mit dem anderen Jesus verbindet, mit dem urbildverwandten, aber noch ichlosen Urmenschen. Zweimal ist also ein solches Zurücklassen geschehen. So kam es zur systolisch geeinten Zweinatur des Jesus von Nazareth. Dies ist die Ich-Geburt des einen Menschen aller Menschen mitten in der Geschichte der Vielen, deren Ich-Geburten schon uralt sind. Das Ich-Prinzip, die obere der beiden Naturen, geht also einen Weg von oben nach unten und wieder aufwärts nach oben.

Den spiegelbildlich umgekehrten Weg geht nun der untere Partner, die untere der beiden Naturen. In der ersten systolischen Phase (I) beginnt dieser Weg unten als die untere Natur aller Menschen. In der diastolischen Mitte (II) offenbart aber diese untere Art-Natur ihr höheres, adamhaft-himmlisches Wesen und bildet in dieser Partnerschaft das Novum und übernimmt die Rolle eines oberen Partners. Und es ist zu vermuten, daß er als das Novum auch dem Alter nach der jüngere von den beiden Knaben ist, also derjenige, von dessen Geburt das Lukas-Evangelium berichtet. Dieser Rollenwechsel vom einst unteren Partner der Vielen (I) zu dem jetzt oberen Partner des Einen (II) ist in der Figur 6 durch den aufsteigenden, durchgezogenen Pfeil angedeutet. In der dritten Phase (III) hat dieser, bei II noch obere Partner, das Novum, seine Rolle wieder gewechselt und wird nun die untere Natur des Menschen aller Menschen, gibt sich als ein entwickeltes Menschenkind von 12 Jahren empfangsbereit einem schon vorhandenen, schon inkarnierten Ich, seinem Partner zur Inkarnation hin.

Was bisher aus den Stilprinzipien heraus entwickelt worden ist, hätte auch ohne den Namen des Jesus und ohne Erwähnung der zwei Geburten bei Matthäus und Lukas gesagt werden können. Aber man wüßte nicht, wovon denn eigentlich die Rede ist, man könnte keine Beziehung zur geschichtlichen Wirklichkeit herstellen. Nun aber ist uns dank der Geistesforschung Rudolf Steiners die Möglichkeit gegeben, das von ihm Mitgeteilte in diesen, aus der Architektur der Menschheitsevolution entwickelten Konsequenzen wiederzuerkennen. Diese Runen sind wie der intellektuelle Schattenwurf der geistig geschauten Realitäten zu verstehen.

So wird es immer unmöglicher, die biblischen Berichte als fromme Legenden zu entwerten. Das gilt nicht nur für die beiden so grundverschiedenen Geburtsberichte bei Matthäus und Lukas, sondern auch für das Rätsel der Vereinigung der beiden Knaben zu der einen Individualität des Jesus von Nazareth im Tempel zu Jerusalem. Es muß auffallen, daß die Evangelien aus der Jugend des Jesus nur dieses eine Ereignis berichten: Der zwölfjährige Jesus im Tempel zu Jerusalem. Die Erklärung, die Rudolf Steiner aus seiner Geistesforschung gibt, daß hier diese Vereinigung geschehen ist, kann nach allem, was hier dargestellt ist, keine unüberwindlichen Schwierigkeiten des Verständnisses mehr bereiten.

Die Gestalt der geeinten Zweinatur des Menschen aller Menschen, des Jesus von Nazareth, liegt als systolische Phase in der Mitte zwischen dem alten Reich der Menschen und dem neuen Reich des Christus. In Kapitel 9 wurde eingehend über diese Mittelstellung gesprochen. Gerade aus dem Charakter dieser verbindenden Mitte heraus konnte etwas sehr Wichtiges über den Zeitpunkt der Ich-Geburt im Leben des Jesus von Nazareth gesagt werden. Die Ichwerdung der Vielen ereignet sich in früher Kindheit. Die Ichgeburt des Jesus Christus ist ein Ereignis im reifen Mannesalter. Daraus ergibt sich für den Menschen aller Menschen, für den Jesus von Nazareth, auch eine Mitte in Bezug auf die Zeit, in der sich seine Ich-Geburt vollzogen haben muß. Es ist eine Zeit zwischen frühster Kindheit und reifem Mannesalter, also eine Zeit, die dem Knaben- oder Jünglingsalter entspricht.

Läßt sich aus dieser verbindenden Mitte heraus auch wohl etwas über das »Wie« dieser Ich-Geburt sagen? Fragen wir zunächst einmal nach dem Wie der beiden Pole, wie sich in allen Fällen geeinter Zweinatur der systolische Prozeß vollzieht. Es sind immer die beiden Wege, aufsteigend der eine, absteigend der andere, deren Konvergenz zur geeinten Zweinatur führt. Beide Wege kommen aus zwei verschiedenen Dimensionen, aus dem physischen Bereich der aufsteigende, aus dem metaphysischen Bereich der andere Weg. Das gilt für die beiden Pole, für die Ichgeburten der Vielen und für die Ichgeburt des Jesus Christus. Die Ich-Geburt des Menschen aller Menschen, des Jesus von Nazareth, liegt nun in der Mitte dieser beiden Pole. Es ist zu fragen, ob sich aus dieser Mitte heraus auch ein mittleres Verhalten in Bezug auf die Art dieser Systole ergibt.

In dem Menschen aller Menschen stammt der obere Partner tatsächlich nicht aus einer Transzendenz, kommt aus der geschichtlichen Wirklichkeit und war sogar in der vorausliegenden Getrenntheit der beiden der untere, ältere Partner. In der systolischen Einheit bildet er zwar die obere Natur, kommt aber nicht aus einer Jenseitigkeit, sondern ganz aus der Realität. Der untere Partner war in der Partnerschaft der beiden Knaben das Neue, das Erstmalige. Das aber kommt sonst immer von oben und von außen. Entwicklungsgeschichtlich ist er das eigentliche Novum, damit auch zeitlich das Jüngere. Dieser Charakter wird beibehalten, und doch ist dieses Novum die untere Natur in dem Menschen aller Menschen. Diese merkwürdige Inversion ist der Ausdruck des wechselseitigen Anteilhabens der Partner aneinander. Das eigentliche Novum, das Neue und von oben Stammende, hat auch die Rolle des alten und des unteren Partners angenommen. Die obere Natur, deren Ursprung eigentlich in der Transzendenz liegt, kommt aber gerade aus der historischen Welt, nicht aus einem »Jenseits«. In der geeinten Zweinatur des Jesus von Nazareth hat die obere Natur, die sonst aus einer Jenseitigkeit stammt, auch den Charakter eines Ursprungs im Diesseits der Geschichte. Und seine untere Natur, sonst nur vom Charakter des Diesseits geprägt, hat teil auch am Wesen des Novum und seiner Herkunft von oben. Die untere Natur, das adamhafte Hüllen- und Seelenwesen, ist nicht das Alte, immer schon Vorhandene, sondern genau umgekehrt das Neue und von oben aus der geistigen, übersinnlichen Region Stammende. Und die obere Natur des Jesus von Nazareth, seine Ichwesenheit, ist nicht das entwicklungsgeschichtlich Neue, sondern gehört zur Region der vielen Menschen-Individualitäten, die entwicklungsgeschichtlich das ältere, immer schon Vorhandene darstellen.

Der bergende Mutterschoß, aus dem dieses Ich stammt, ist nicht die geistige Welt, sondern eine schon unter den Menschen vorhandene Individualität, ein anderer Mensch, dessen Ich seine untere Natur verläßt und eine andere, himmelsverwandte untere Natur zur Einwohnung aufsucht. Der Mensch aller Menschen, dieses Mittelwesen zwischen dem alten und dem neuen Reich, zeigt auch in dem Wie seiner systolischen Vereinigung der zwei Naturen den Charakter der Mitte.

Der obere Weg trägt auch die Züge des unteren, der untere Weg trägt auch die Züge des oberen, das entwicklungsgeschichtlich Alte erscheint in Gestalt des Neuen und Jungen, das entwicklungsgeschichtlich Junge und Neue erscheint auch in Gestalt des Alten und schon Vorhandenen. Die Ichgeburt des Einen, des Menschen aller Menschen, Jesus von Nazareth, ist nicht nur ein Ereignis, das sich zeitlich zwischen Kindheit und reifem Mannesalter abspielt, sondern auch das Wie dieser Systole, das wechselseitige Anteilnehmen an den beiden Wegen, die zur systolischen Vereinigung führen, ist Ausdruck seiner Mittler- und vermittelnden Natur.

12. Die Zwei und der Eine – Wechselseitige Ergänzung und Vollendung

Weisheitsvolle Weltenfügung und Menschheitsführung

Noch einmal kreisen unsere Betrachtungen um die Zwei und den Einen, um die neue Diastole und die neue Systole. Nach vielen Jahrtausenden menschlicher Geschichte wurde die Zeit reif, daß sich aus der so lange währenden systolischen Phase eine neue Diastole heraus entwickelte, daß sich die zwei Naturen noch einmal in zwei Einzelmenschen partnerschaftlich gegenüberstehen. Die Menschheit ist auf dem Wege, sich ganz in einer einzigen Individualität, in dem Menschen aller Menschen, zu verdichten. Diesem Ereignis mußte aber eine kurze, nur zwölf Jahre währende Phase diastolischer Getrenntheit beider Naturen in Gestalt der beiden Jesus-Knaben vorangehen. Die darauf folgende Systole ist die Steigerungsgestalt der Menschheit, der Vielen, ist der eine Mensch aller Menschen, ist der Jesus von Nazareth zwischen der Szene im Tempel und der Taufe im Jordan. Da diese sich im dreißigsten Lebensjahr ereignete, umfaßt die neue Systole 18 Jahre. Die Phasen drängen sich auch zeitlich immer dichter zusammen und werden schrittweise immer mehr ein Ereignis nur in und an der einen Individualität.

Zu den Geburtsgeschichten dieser beiden Jesus-Kinder gibt es die zwei verschiedenen Stammbäume der Josefs, der beiden Väter. In beiden Stammbäumen kommt der König David vor, aber der eine Stammbaum, der bei Matthäus, führt die Linie weiter über den einen Sohn des Königs David, über den König Salomo. Der andere Stammbaum führt die Linie weiter über den anderen Sohn des Königs David, über den Priester Nathan. So ist es berechtigt, von der salomonischen und von der nathanischen Linie zu sprechen und damit auch von dem salomonischen und dem nathanischen Jesus.

Es muß uns tief berühren, daß in den 1947 am Toten Meer gefundenen Schriftrollen von Kumran von zwei Messiassen die Rede ist, die erwartet werden. Diese Rollen stammen aus der Zeit vor mehr als 2000 Jahren. »Mit aller Deutlichkeit bezeugen diese Texte eine doppelte Messiaserwartung – und zwar die Erwartung auf einen priesterlichen und einen königlichen Messias.«[17]

Der Gedanke, daß es zwei verschiedene Jesus-Kinder gegeben haben könnte, stößt meist auf Unverständnis. Hinzu kommt eine andere, gewichtigere Frage, die Frage nach der systolischen Vereinigung der beiden Knaben. Daß ein solches Geschehen unausweichlich aus dem Gang der Ereignisse hervorgehen muß, dafür haben die Betrachtungen Verständnishilfen gegeben.

Wenn diese beiden in einer besonderen Weise noch einmal das Wesen der zwei Naturen individuell in physischer Getrenntheit repräsentieren, dann kann auch der nächste Schritt, die Vereinigung beider zu einer neuen systolischen Phase, erwartet werden.

Aber dies anzuerkennen, verlangt ebenso eine ungewöhnliche Unbefangenheit. Der Wert der alten Überlieferungen, die durch Jahrhunderte hin das religiöse Gefühl getragen und geprägt haben, scheint in Frage gestellt zu sein. Emil Bock weist auf folgendes hin: »Ebenso leuchtet hier und da in der apokryphen Literatur der frühen christlichen Jahrhunderte allerlei Rätselhaftes auf, das von ferne Licht empfängt durch das aufgehellte Jesus-Mysterium. In dem apokryphen Ägypter-Evangelium, von dem wir nur wenige Bruchstücke kennen, heißt es einmal: ›Auf die Frage der Salome, wann das Reich kommen würde, antwortete der Herr: Wenn die zwei eins werden und das Auswendige wie das Inwendige ...‹«[18]

Es kann nicht die Aufgabe sein, hier alles zu nennen oder zu zitieren, was zu diesen Fragen geschrieben wurde. Unsere Methode ist im wesentlichen, an den Stilprinzipien der Architektur zu zeigen, wie die evolutiven Weltvorgänge eine Runenschrift enthalten, deren Entzifferung aber ohne die Ergebnisse der Geistesforschung Rudolf Steiners nicht möglich wäre. Doch müssen diese Runen erst aufgesucht und gefunden werden. Wem die anthroposophische Christologie Schwierigkeiten bereitet, der mag solche Runen als eine Möglichkeit verstehen, im Buche der Welt einmal »der Göttin heilige Lettern« mit Vertrauen zu lesen und zu entziffern. Er wird dann doppelt dankbar sein für alles, was Rudolf Steiner, Emil Bock und andere dazu dargestellt haben. Diese Runen sind zwar nur wie die Schatten der eigentlichen Realitäten; trotzdem kann es sinnvoll sein, sich auch einmal mit diesen Schatten zu beschäftigen. Rudolf Steiner hat mit der Lehre von den Wesensgliedern, von den Naturreichen und mit all dem, was er über Ziel und Sinn der Erde und über die zentrale Rolle des Christus für Menschheit, Erde und Kosmos gesagt hat, so viel gegeben, daß es schon unbegreiflich wäre, nicht im Sinne des Gegebenen noch weiter zu fragen und zu forschen.

Ein letzter Einwand ist die Sorge derer, die fragen, ob uns das alles dem wahren Wesen des Christus näher bringt; oder geschieht hier das Gegenteil, eine intellektuelle Entfremdung von dem, der doch unser Heil sein sollte. Diese Frage kann generell nicht beantwortet werden. Der eine fühlt sich vielleicht abgestoßen, der andere erlebt eine Bereicherung und vielleicht ein tiefes Staunen über die verschlungenen und weisheitsvollen Wege und damit auch eine neue Wärme durch das Licht der Erkenntnis. Es stellt sich die große Frage: Welche anderen, bisher unbeachteten oder verborgenen Seiten im Verständnis der Christus-Wesenheit wollen gerade heute im Zeitalter der Wissenschaft und des wachen, kritischen Bewußtseins in das Licht des Verstehens gerückt werden? Denn auch diese neuen Erkenntnis-Perspektiven sind groß und warten darauf, von einem ebenfalls großen Fühlen und Ahnen getragen, begleitet und erwärmt zu werden.

Anstößig und schockierend ist ja nicht nur die Tatsache, daß es sich um zwei Menschenkinder handeln soll, sondern darüber hinaus noch, daß beide den gleichen Namen Jesus tragen, ja daß sogar ihre Eltern die gleichen Namen Maria und Josef haben. Wenn zum Verständnis fast entschuldigend gesagt wird, daß diese Namen damals häufig vorkamen, daß die Gleichheit also durchaus im Bereich des Möglichen oder Selbstverständlichen liegt, so kann das wenig befriedigen, weil das fast schon peinlich Anmutende dieser Gleichheiten damit nicht aus dem Wege geräumt werden kann. Wenn man aber darin einen göttlichen Willen am Werke sieht, eine Fügung aus höherer Weisheit, dann fragt man doch weiter nach dem Warum dieser Gleichheiten und nach dem Sinn dieser »Weisheit«. Es hätte doch gar nichts ausgemacht, wenn es verschiedene Namen gewesen wären, bei den Kindern und bei den Eltern. Aus all den Bedenken, Einwänden und Begründungen werden wir herausgeführt und befreit, wenn man an das Stilgesetz der Weltarchitektur denkt. Denn dort ist zu beobachten, wie sich die Reiche schrittweise angleichen, ohne ihre qualitative Verschiedenheit aufzugeben. Und wie sich dann weiter die beiden Naturen und Partner der Partnerschaften von Stufe zu Stufe ähnlich werden, um schließlich in den Konvergenzen eins zu werden und doch in der Einheit und Gleichheit die Zweiheit zu bewahren. In diesem Phänomen kommt eine göttliche Weisheit als Stilprinzip der Welt zur Erscheinung. Hier haben wir den Schlüssel, um auch die Angleichung der Namen zu verstehen. Denn diese intimen, familiären Verhältnisse sind auch die allerintimste und individuellste Fortsetzung aller vorausliegenden Evolutions-Schritte. Was sich in der Natur und in der kosmischen Geschichte vorbereitet als wachsende Angleichung, setzt sich ins Geschichtliche hinein fort bis ins Soziale, bis ins Familiäre. Hier wirkt weisheitsvolle Weltenlenkung hoch über unserem Verstehen und Wollen. Denn es soll der eine Jesus als Mensch aller Menschen und als Träger des Christus herausgebildet und vorbereitet werden. So erscheinen zuletzt der Mensch von unten und der Mensch von oben, der Erdenmensch und der Himmelsmensch als höchste Gestalt aller wachsenden Angleichung. Auf diesen Wegen ist auch die Angleichung der Namen wie eine selbstverständliche Ergänzung, eine stilgesetzliche Notwendigkeit und Vollendung. Denn auch hier geht das wesenhaft Verschiedene im Gewande der Gleichheiten nicht verloren. Dieses zu erkennen und einzusehen, ist auch ein Beitrag, der aus den architektonischen Aspekten geleistet werden kann.

Weisheitsvolle Fügung und Führung ist es auch, daß diese beiden Menschen zu fast der gleichen Zeit, in dem gleichen Land, ja in demselben Ort Bethlehem geboren werden und in dem anderen Ort, in Nazareth, die Jugendjahre gemeinsam verbringen. Was mit den beiden vereint werden soll, war von jeher getrennt. Aber es ist so angelegt, daß es zur Vereinigung strebt. Wie aber kann solches geschehen?

Der salomonische Jesus, dessen Geburt Matthäus berichtet, war ein besonderer Mensch, der berufen wird, sein Ich dem anderen, dem nathanischen Jesus zu geben. So wird dieses Ich zum oberen Partner in der neuen geeinten Zweinatur.. Das aber ist die Ich-Geburt des einen, des nathanischen Jesus, dessen leibliche Geburt uns Lukas berichtet. Mitten in den Ich-Geburten der Vielen ereignet sich diese eine und einzigartige Ich-Geburt des einen Menschen aller Menschen. Da aber die untere Natur dieser neuen Jesus-Individualität schon zum Menschheitsstamm gehört, geschieht mit dieser Ichgeburt auch eine direkte Berührung, ja Verbindung mit der Christuswesenheit selber. Das Ich des salomonischen Jesus und das urbildnahe Adamwesen des nathanischen Jesus, sie bilden zusammen die geeinte Zweinatur des Jesus von Nazareth zwischen seinem zwölften und dreißigsten Lebensjahr.

Was aber geschieht mit der unteren, mit der Hüllennatur des salomonischen Jesus, dessen Ich in den nathanischen Jesus übergegangen ist? Da es nun eine neue Stufe der unteren, der Hüllennatur gibt, das Ur-Exemplar, muß die alte Gestalt menschlicher Hüllennatur zurückbleiben und für weitere Erdenwege ausgesondert werden. Dieser salomonische Jesus, der sein Ich dem anderen Jesus gegeben hat, ist nun von seinem Geistkern verlassen, siecht dahin und stirbt. Er gibt sein Ich dem anderen und opfert seine Hüllennatur. Es ist ein doppeltes Opfer und doch auch zugleich das Werden seiner selbst. Dieser geheimnisvolle Vorgang geschieht im Tempel zu Jerusalem und ist uns als die Geschichte vom zwölfjährigen Jesus überliefert. Die Eltern finden dieses Kind vollständig verändert wieder. Man ahnt, warum das Lukas-Evangelium gerade dieses und nur dieses Ereignis zwischen Geburt und Jordantaufe berichtet. Es muß ihm eine ganz besondere Bedeutung zukommen. Fragen muß man aber auch, warum nicht von zwei Knaben bei dieser Reise nach Jerusalem die Rede ist.

Aufstieg ist immer schon verbunden gewesen mit Abstieg und Zurückbleiben. So geschah es von Reich zu Reich, so geschah es, als die eine Art zur Sonderart aufstieg und die vielen Arten der Tierwelt zurückließ. Und wieder bleiben die vielen Menschen zurück, wenn der eine Mensch aller Menschen daraus emporwächst. Und nun vollzieht sich wieder ein ganz intimes Geschehen, wenn bei dem salomonischen Jesus die Aussonderung des alten Adam beginnt. Denn der neue Adam ist schon da, der Urmensch. Aber dieser Urmensch muß noch die Stufe menschlicher Individualität erreichen und durchleben. Die Aussonderung ist aber damit noch nicht zu Ende. Denn auch das Ich, das noch aus der Region der Schöpfung stammt, muß sich opfern, wenn das Christus-Ich bei der Jordantaufe in diesen Urmenschen einzieht. In der Tempelszene erleben wir das erste große Opfer dieses salomonischen Jesus. Sein zweites großes Opfer geschieht vor der Taufe im Jordan, wenn das Ich des Jesus Raum gibt für die Inkarnation des Christus-Ich. Dieses Prinzip des Zurücklassens und Ausscheidens gegenüber dem Neuen und Höheren ist schon auf früheren Stufen der Evolution vorgebildet. Bei dem Jesus finden wir dieses Stilprinzip in seiner höchsten Form wieder als Steigerungsstufe beim Heranreifen und Vorbereiten eines neuen Reiches. Der alte Mensch muß zurückbleiben, wenn der neue Mensch, wenn das Urbildliche des Menschen sich inkarnieren will. So steigert sich der Mensch nur schrittweise zu seiner höheren Natur, und so steigt die göttliche Natur nur schrittweise in ihre Menschheitsstufe herab. Wenn das Göttlich-Urbildliche der Menschheit sichtbar werden soll, muß das Menschliche des Gottes zur realen Erscheinung werden. Was beim Menschen noch in der Vielheit existiert – zunächst die Vielheit der geeinten Zweinaturen, dann aber auch die Vielheiten einer jeden dieser beiden Naturen –, das hat beim Menschen aller Menschen schon eine hohe Stufe der Einmaligkeit erreicht. Ganz zur Vollendung kommt diese Einmaligkeit und Einzigartigkeit aber erst in der dritten systolischen Phase, wenn der Christus sich in dem Jesus inkarniert. In dieser einen und urbildlich einmaligen Inkarnation ist auch die Vielheit der Inkarnationen und Reinkarnationen überwunden, an der wir Menschen im Laufe der Geschichte immer noch teilnehmen. Die Christus-Inkarnation setzt dieser Vielheit urbildlich und vorausschreitend ein Ende. Seine einmalige Inkarnation ist das Urbild unserer Vielheit, ist die Inkarnation aller Inkarnationen, die überhöhte Einheitsgestalt unserer Vielheiten, auch die der vielen Reinkarnationen eines jeden Menschen.

Dritter Teil

JESUS CHRISTUS –
WAHRER MENSCH UND WAHRER GOTT

13. Eine neue diastolische Phase im Leben des Jesus von Nazareth

Abschied von der Mutter und Gang zum Jordan – Die Jordantaufe und die Inkarnation des Christus

Nachdem sich in einer einzigen Art, in der Art aller Arten, ein ganzes Reich inkarnierte und so die heutige Menschheit entstand, ist nach langen Geschichtsepochen die Zeit reif geworden, daß sich ein neues entwicklungsgeschichtliches Großereignis mitten im Lauf der Geschichte vollzieht. Im Sinne der Stilprinzipien muß sich ein neues Reich in einem noch engeren Rahmen als dem einer Art inkarnieren, in dem Rahmen einer und nur einer Individualität, in dem Menschen Jesus von Nazareth.

Dieses größte Ereignis, die letzte Systole, ist die Inkarnation des Christus in dem Jesus. Er ist eine geeinte Zweinatur von Ich und tragender Hülle, ist eine gesteigerte Gestalt dessen, was uns als die geeinte Zweinatur aller Menschen bekannt ist. Es ist zu fragen, ob nicht dieser neuen und letzten Steigerung geeinter Zweinatur in dem Jesus-Christus auch noch eine diastolische Phase vorausgehen müßte.[19] Ohne eine solche diastolische Phase würden zwei systolische Phasen unmittelbar aufeinander folgen. Im Sinne eines weiterschreitenden Rhythmus müßte eine neue Getrenntheit beider Naturen erwartet werden. Das bedeutet aber ein Auseinander von unterer und oberer Natur, unten eine vom Ich verlassene untere Natur des Jesus von Nazareth, oben ein Weggehen des Ich zugunsten eines neuen und höheren Ich, des Ich aller Iche, das aber noch im Zustand der Getrenntheit weilt, ehe die Inkarnation geschieht. Ein solches Zurücktreten des einen zugunsten des anderen ist uns schon einmal begegnet, als der salomonische Jesus seine untere Natur aufgibt und sein Ich sich mit einer höheren Gestalt von unterer Natur verbindet. Das geschah im Tempel von Jerusalem. Der Gedanke einer nochmaligen diastolischen Phase muß überraschen. Denn es soll ja gerade der Jesus von Nazareth als der

Mensch aller Menschen in seiner Ganzheit zum Träger, zur unteren Natur des Christus heranreifen. Und nun wird diese erreichte geeinte Zweinatur wieder aufgelöst, ohne daß es darauf einen Hinweis in den Evangelien gibt. Darf man aber solches aussprechen, nur weil der Rhythmus es verlangt?

Würde nach der systolischen Vereinigung der Zweinatur des Jesus von Nazareth unmittelbar in der Taufe die Inkarnation des Christus sich ereignen, ohne eine, wenn auch ganz verborgene und nur kurzfristige diastolische Zwischenphase, so folgte Systole auf Systole. Zwei solche Phasen von gleichem Rang widersprächen dem Gestaltprinzip des Rhythmus. So wie auf Einatmung die Ausatmung folgt und nicht noch einmal eine zweite Einatmung, so kann auch auf Systole nicht noch einmal eine Systole folgen, gewissermaßen eine Steigerung der Systole, ohne daß vorher zu dieser Steigerung Kraft geschöpft worden wäre. Wer Vertrauen in die offenbare Gestaltungskraft der Rhythmen hat, wird sagen, daß uns der Rhythmus vielleicht gerade an dieser Stelle auf etwas hinweist, was mit Augen nicht zu sehen ist, weil es in tiefer Verborgenheit geschah.

Rudolf Steiner macht aus seiner geistigen Forschung heraus eine Mitteilung, die genau dem entspricht, worauf der Rhythmus hinweist. Um den Tod des Jesus von Nazareth kann es sich bei dieser Trennung natürlich nicht handeln, sondern um eine Trennung, bei der die untere Natur, also das himmlische Adamwesen, voll erhalten bleibt und nur das Ich die Wege geht, die es auch bei allen Menschen im Sterben geht, eine Rückkehr in die geistige Welt. Das Jesus-Ich hat schon einmal einen Leib, seine untere Natur verlassen, als es sich mit dem anderen, mit dem lukanischen Jesus vereinte. Damals war es diese so verlassene, ichlos gewordene untere Natur des salomonischen Jesus, die den Weg des Todes gehen mußte. Jetzt, bei diesem zweiten Verlassen der unteren Natur, bleibt diese als das empfangsbereite Gefäß für das Christus-Ich erhalten, während das Ich des Jesus nun den Todesweg, den Weg in die geistige Welt gehen muß. Es ist die gleiche untere Natur, die auch in der Tempelszene empfangsbereit das noch fehlende Menschen-Ich aufnahm, die gleiche untere Natur, die jetzt bereit ist, das Christus-Ich zu empfangen. Diese neue diastolische Phase hat zwei Aspekte. Der eine besteht in der Trennung des Ich von seiner unteren Natur. Der andere ist die noch vorhandene Getrenntheit des neuen Ich, des Christus-Ich, von seiner urbildlichen Menschennatur. Das eine Ich, das Jesus-Ich, geht, und das andere Ich, das Christus-Ich, kommt. Beides ist Getrenntheit, ist Diastole.

Bei dieser neuen Diastole, die nirgendwo in der Bibel erwähnt wird, sind wir ganz auf die Geistesforschung Rudolf Steiners angewiesen. Das rhythmische Prinzip und Geschehen ist wie der Widerschein, ist wie ein Schatten dieser geistig geschauten Realität. Ohne diese Realität hätten wir nur den Schatten. So aber können wir wissen, welches Licht diesen Schatten wirft, welche Wirklichkeit hinter der hypothetisch erwarteten Diastole wirksam ist. Rudolf Steiner spricht von einem Ereignis, das genau dem entspricht, worauf uns die diastolische Phase des Rhythmus aufmerksam machen kann. Was Rudolf Steiner ausführlich beschreibt, sei hier mit wenigen Worten wiedergegeben. Er spricht nicht die Sprache, in der hier diese Probleme dargestellt sind. Er spricht aus lebensvoller übersinnlicher Wahrnehmung von einem langen Gespräch, das Jesus mit seiner Mutter führte, bevor er hinunter geht zum Jordan, zu Johannes dem Täufer. Er spricht davon, daß Jesus von Nazareth in der Zeit zwischen seinem zwölften und dreißigsten Lebensjahr weit herumgekommen ist und auch den geistigen Niedergang der Menschheit kennengelernt hat. Dieser Verfall erfüllte ihn mit großem Schmerz und tiefer Sorge über die Zukunft der Menschheit. Das war auch der Inhalt des Gesprächs mit seiner Mutter. Mit den Worten dieses Gesprächs löste sich sein Selbst, sein Ich, heraus aus den Hüllen, rang sich los, und zurück blieben die drei Wesensglieder, die Hüllen-Natur des Jesus von Nazareth.

»Der Jesus von Nazareth aber hatte so intensiv sich selbst verbunden mit den Worten, in die er all seinen Schmerz über die Menschheit geprägt hatte, daß dieses Selbst wie aus seinen Leibeshüllen verschwunden war, und seine Leibeshüllen jetzt wieder so waren, wie sie waren als er ein kleiner Knabe war, nur durchtränkt von alldem, was er durchlitten hatte seit seinem zwölften Jahr.«[20] Nach diesem Gespräch mit seiner Mutter regte sich in Jesus von Nazareth ein Drang »wie ein mächtiger kosmischer Trieb«, zu den Ufern des Jordan zu Johannes dem Täufer zu gehen.[21]

Es kann auffallen, wie häufig und eindringlich Rudolf Steiner von den drei Wesensgliedern spricht, von dem so ganz veränderten Jesus, der zum Jordan, zu Johannes dem Täufer geht. Was sich da als Jesus zeigt, ist das himmlische Adamwesen, der nun aber durch die Einwohnung des salomonischen Ich zum Erdenmenschen gereifte Jesus, der empfangsbereit der größten und verborgensten Inkarnation entgegengeht in der Aufnahme des Christus-Ich in die gereiften und reinen Hüllen des Jesus von Nazareth. Die erste Ich-Geburt in der Menschheit geschah in Urzeiten als die Hominisation, als die Ich-Geburt der vielen Menschen. Die zweite Ich-Geburt ereignete sich bei dem einen Menschen aller Menschen und geschah bei dem zwölfjährigen Jesus im Tempel in Jerusalem. Und nun ist es nach 18 Jahren derselbe, jetzt aber dreißigjährige Jesus, in dem sich die dritte und höchste Stufe einer Ich-Geburt ereignet, die Geburt des Ichs aller Iche in diesen reinen und reifen Hüllen des Jesus.

Nach einem langen Weg ist nun das Ziel erreicht, das wir immer schon vor uns sahen: Die Erscheinung eines neuen Reiches in den engen Grenzen einer einzigen Individualität. Gemeint ist die Inkarnation des Christus in dem Jesus von Nazareth. Nach dem Gespräch mit seiner Mutter ging dieser Jesus von Nazareth als ein schon Verwandelter in hoher Erwartung herunter zum Jordan zu Johannes dem Täufer. Und dort geschah in aller Verborgenheit das größte Ereignis der Menschheitsgeschichte, der ganzen Erden-Evolution überhaupt. Alles was vorher geschah, ist Vorbereitung für dieses letzte und höchste Ereignis, für die Inkarnation, die Fleischwerdung des Logos. Menschensohn und Gottessohn werden eins, die höchste Steigerung eines systolischen Geschehens, das auf vielen Stufen seine Vorläufer hat.

Durch eine Betrachtung der Evolutions-Schritte unter dem Aspekt von Systole und Diastole sind wir für das Verständnis dieses letzten Schrittes, der letzten und höchsten Gestalt systolisch geeinter Zweinatur, vorbereitet. Wie konnte es kommen, daß die tiefere Bedeutung dieser Jordan-Taufe aus dem Bewußtsein der Christen hat verlorengehen können? Aus dem rhythmischen Gang der Ereignisse wird es zur Gewißheit, daß hier die eigentliche Christus-Geburt geschehen ist, wie es die Ostkirche heute noch versteht.[22]

In der Sprache der Evolutionslehre kann man von einem stammesgeschichtlichen Groß-Ereignis sprechen. Epiphanias, das Fest der Erscheinung zum 6. Januar, bedeutet, daß der schon lange Erwartete und voraus Verkündete nun auch erschienen ist.

Wenn mit den Geburtsberichten der Christus schon in voller Gestalt erschienen wäre, es bliebe unbegreiflich, warum die Evangelien all die Jahre bis hin zum dreißigsten Lebensjahr über diesen Gottesmenschen schweigen, mit Ausnahme der Verwandlung des zwölfjährigen Jesus im Tempel in Jerusalem. Die geeinte Zweinatur des Jesus Christus ist die höchste Steigerung einer systolischen Vereinigung. Die größte Vorstufe zu diesem Ereignis ist die Hominisation, die Ich-Werdung des Menschen. Hier ereignete sich die Epiphanie des Menschen-Reiches, dort ist es die Epiphanie des Christus-Reiches, die zweite Menschwerdung, das Erscheinen des Urbildes aller Menschheit durch alle Zeiten und Räume. In ihm ist die Achse der Evolution sichtbar geworden, ein Stamm zunächst noch ganz für sich, noch ohne Äste und Verzweigungen, noch ohne Ab-Stammungen, der reine Stamm, Wipfel und Wipfeltrieb.

14. Die Vollendung der Erdenwege des Jesus Christus

Tod und Auferstehung – Karfreitag und Ostern

Das Ziel aller Wege war die Inkarnation des Christus in dem Jesus von Nazareth. Was sich auf diesen Wegen ereignet hat, ist in den vorangehenden Kapiteln versucht worden darzustellen. Dabei geht es besonders um die Probleme, die mit der geheimnisvollen Doppelnatur des Jesus von Nazareth zusammenhängen. Mit dem Ereignis während der Taufe im Jordan beginnt erst der Erdenweg des Christus. Was jetzt noch über den weiteren Verlauf dieses Weges gesagt wird, ist orientiert am Gesamt-Thema dieser Arbeit, an den Phasen des Rhythmus, des Einens und Trennens, an Systole und Diastole. Die Inkarnation bei der Taufe im Jordan ist erst der Beginn dieser Erdenwege. Uns beschäftigen nur die Strukturen, die großen Phasen des Rhythmus in diesem Leben. Diese sind uns in dem Menschen-Schicksal dieses Gottes, in dem Gottes-Schicksal dieses Menschen gezeigt, es ist die Dreiheit von Geburt, Tod und Auferstehung.

Diese drei spiegeln sich als Stufen und Schritte eines jeden Menschenlebens in Kommen, Gehen und Wiederkehr. Als Mensch unter Menschen, als der Urmensch, nimmt Christus teil an allem, woran wir Menschen auch teilhaben, aber eben alles in urbildlicher Einmaligkeit und Steigerung. Seine Geburt ist somit nur die eine und einmalige, die Geburt aller Geburten. Und auch sein Tod ist nur dieser eine und einmalige, und damit der Tod aller Tode. Außer Geburt und Tod hat der Mensch aber noch teil an der Wiederkehr, an den wiederholten Erdenleben. Geburt, Tod und Wiederkehr ereignen sich also oftmals im Leben eines jeden Menschen. Diese Vielheiten von Geburt und Tod sind in dem Urmenschen, in dem Leben des Jesus-Christus zur urbildlichen Einheit hin erhöht und überwunden. Da er als Urbild der Menschheit ganz in der Wirklichkeit der Geschichte erschienen ist, da hier Vielheit und Einmaligkeit in der gleichen Dimension liegen, in der gleichen Geschichtswelt, gehört es zum Schicksal und zum Entschluß dieses Menschen aller Menschen, auch den Tod mitzuerleben und mitzuerleiden und ihn als den Tod aller Tode auf sich zu nehmen, wie auch seine Geburt die Ich-Geburt aller Geburten ist. Aber des Menschen Schicksalswege gehen noch darüber hinaus, es ist die Dreiheit von Geburt, Tod und Wiederkehr, ganz wörtlich die Wiederkehr als Reinkarnation.

Nun wendet sich alles mit Recht dagegen, auch für Christus dieses Menschen-Schicksal der Reinkarnation zu denken. Das wäre tatsächlich eine der großen Verirrungen und ein Mißverständnis seines Wesens. Es widerspräche auch der urbildlichen Einmaligkeit dieser Individualität und ihres Erdenlebens, die keiner zweiten oder dritten Inkarnation, keiner erneuten Fleischwerdung bedarf.

Und doch gibt es auch für ihn eine Wiederkehr von urbildhafter Einmaligkeit, nicht als wiederholte Fleischwerdung des Geistes, sondern umgekehrt als erstmalige und urbildlich einmalige Geistwerdung des Fleisches, des Leibes. Das aber ist das größte Geheimnis in seinem Leben und im Leben aller Menschen und ihrer Zukunft. Es ist die Auferstehung. Wenn man im Tode eine Trennung des Geeinten sehen muß, also ein diastolisches Geschehen, dann ist das Ereignis, das sich für den Jesus Christus an seinen Kreuzestod anschließt, die Einung des Getrennten, ein systolisches Geschehen, keine Wiederbelebung des gestorbenen Leibes, keine erneute Fleischwerdung des Geistes, sondern die Umkehr dazu, die erste Geistwerdung des Leibes. Der am Kreuz gestorbene Leib gehört zur unteren Natur des Jesus-Christus. Es bleibt eine Frage, ob man diesen Tod auch als eine Trennung der zwei Naturen verstehen darf, weil zur unteren Natur noch mehr gehört als nur der Leib. In jedem Falle ist auch dieser Tod wie das Sterben aller Menschen eine Trennung des zuvor Geeinten. Bei der Taufe im Jordan geschah eine systolische Vereinigung des einen Ich aller Iche mit den drei unteren Wesensgliedern, mit dem Hüllenwesen des Jesus. Und bei der Auferstehung geschah eine systolische Vereinigung des einen Leibes aller Leiber mit den drei oberen Wesensgliedern. In diesem Gegenüber der beiden systolischen Phasen wird eine Polarität, eine besondere Beziehung des Christus-Ich zu dem Christus-Leib sichtbar, eine besondere Bedeutung dieses Leibes überhaupt.

Die Taufe im Jordan ist die Fleisch- oder Leibwerdung des Geistes. Die Auferstehung ist die polare Umkehr. Sie ist die Geistwerdung des Fleisches oder Leibes. Dieses polare Verhältnis zeigt sich denn auch darin, daß bei der Jordantaufe, also bei der Leibwerdung des Geistes, der Leib die Gestalt einer dreifachen Hülle hat – physischer Leib, Ätherleib und Astralleib –, deren unterste Hülle der physische Leib ist, während bei der Auferstehung, bei der Geistwerdung des Leibes, der Geist eine dreifache Gestalt hat: Ätherleib, Astralleib und das Ich als die höchste Stufe dieser Dreiheit. Diese besondere Beziehung des Christus-Ich zu dem Christus-Leib, der höchsten zur untersten Stufe, lebt und wirkt weiter in der zentralen Gottesdienstfeier der Christenheit, in der Messe.

Mit der Vereinigung des Getrennten ist auch eine Trennung des Geeinten verbunden. Bei der Hominisation als einem systolischen Geschehen werden die Typen der höheren Tierwelt ausgesondert und zurückgelassen. Und als sich das Ich des salomonischen Jesus mit dem nathanischen Jesus vereinte, wurde die Hüllennatur des salomonischen Jesus ausgeschieden. Und noch einmal tritt das Ich des Jesus von Nazareth zurück, als sich die Inkarnation des Christus vorbereitete. Es kann nicht abwegig sein zu sagen, daß auch bei dieser letzten Systole, bei der Auferstehung, Physisch-Leibhaftes zurückgelassen werden mußte, um das Geistgewebe des Leibes ganz für die neue Verbindung mit dem höheren Wesen vorzubereiten.

Läßt man die Phasenfolge mit der ersten großen Systole, mit der Entstehung der ichbegabten Menschheit beginnen, dann ist das Erscheinen der beiden Jesus-Kinder der erste diastolische Schritt und ihre Vereinigung zu dem Jesus von Nazareth die zweite systolische Phase. Und beim Abschiedsgespräch mit seiner Mutter geschieht noch einmal eine Trennung des Geeinten, eine zweite, nur sehr kurzfristige diastolische Phase, bevor es zu der entscheidenden dritten systolischen Phase kommt, zur Inkarnation des Christus in dem Jesus. Der Tod auf

Golgatha bringt die letzte Trennung des Geeinten, und der Rhythmus schließt mit der neuen Vereinigung des Getrennten, mit einer alles überhöhenden Systole, mit der Auferstehung.

Der Aufstieg des Menschen aus den Reichen der Natur war immer mit Zurücklassen und Mitnehmen verbunden. Er nahm mit, was er auch als eigene Reiche zurückläßt. So trägt er die Vergangenheit als Erbe in sich und läßt sie gleichzeitig als Welten zurück.

Ein gleiches muß auch vom Abstieg gesagt werden. Das neue Reich, die Christus-Wesenheit, kommt aus umfassenden geistigen Sphären, senkt sich herab, muß oben zurücklassen, was ihres eigenen Wesens ist. So gewinnt es nach unten hin Erden- und Menschennähe. Es ist absteigend die Achse, wie der Mensch aufsteigend die durchgehende Achse ist. Aufsteigend geschieht Mehrung, Verwandlung des eigenen Wesens, absteigend geschieht Opfer durch Entäußerung und Verzicht auf vorhandene Fülle. Das makrokosmische Wesen, das von oben herabsteigt, ist mehr als nur ein Ich aller Iche: »... Und nimmt an sich eines Knechts Gestalt, der Schöpfer aller Ding.«

Teilhard de Chardin sprach vom Paradox des Menschen und meinte damit die maximale Angleichung des Menschen an das niedere Reich der Tiere, verbunden mit einer extremen Verschiedenheit beider Reiche. Wer nur die Angleichung sieht, ist blind gegenüber dem absolut Neuen, das mit dem Menschen in die Welt gekommen ist. Diese paradoxen Verhältnisse erfahren nun ihre höchste Steigerung. Mit dem neuen Reich des Christus ist etwas absolut Anderes und Höheres in die Geschichte eingetreten in maximaler Angleichung an das untere Reich des Menschen, ein Mensch unter Menschen, und doch ein neues Reich über allem Menschsein. Mit dieser Steigerung ist aber auch eine Steigerung der Blindheit verbunden. Wer beim Menschen nur die tierverwandte Artnatur sieht und die Reichsnatur übersieht, der ist gegenüber dem Novum blind. Wer aber jetzt nur den Menschen unter Menschen sieht, nicht aber das neue Reich, die neue universelle Dimension, den Menschen aller Menschen, den Christus in dem Jesus, der ist in einer noch umfassenderen Weise blind gegenüber dem, was sich auf Erden und in der Geschichte der Menschheit begeben hat, blind gegenüber der Bedeutung des Christus und des Christentums für die gesamte Zukunft der Menschheit und der Erde.

Überall da, wo man den Christus nur als Jesus versteht, nur als einen Menschen unter Menschen von besonders hohem Rang, vielleicht als den höchsten aller Propheten und Religionsstifter, überall da ist partielle Blindheit. Bei solchem Mißverständnis des Christus und des Christentums kann auch der Zusammenhang mit der Welt-Evolution nicht sichtbar werden, seine schicksalbestimmende Rolle und Bedeutung für die Zukunft von Menschheit und Erde. Beide gehören von Anbeginn an zusammen, und die Evolutionswege des Menschen haben ihre Entsprechungen in den Entwickungsstufen der Erde. Die gesteigerte Gestalt dieser Zusammenhänge ist das Miteinander und Füreinander von Menschheit, Erde und Christus.

15. Von der Reichsnatur des Jesus Christus

In Kapitel 4 haben wir geprüft, welche Bedingungen erfüllt sein müssen, um der Sonderart Mensch auch die Rangstufe eines eigenen und neuen Reiches zuzuerkennen. Denn es muß als paradox erlebt werden, daß ein ganzes Reich Raum haben soll in den engen Grenzen einer einzigen Art, oder umgekehrt, daß eine einzige Art auch noch den Rang eines eigenen und neuen Reiches haben soll. Wir erkannten, daß zwei Bedingungen erfüllt sein müssen, um von einem eigenen Reich sprechen zu können.

Zunächst ist es ein neues Wesensglied, ein Novum in der Stufenfolge der Phänomene vom Physisch-Materiellen über das Ätherisch-Lebendige und Seelisch-Astrale bis hin zum Ichhaft-Geistigen. Und die andere Bedingung ist ein Reichtum an Typen, eine Vielfalt individueller Gestalten und Formen. Der Mensch, dessen Art-Natur es so schwer macht, ihn auch noch als ein eigenes Reich zu erkennen und anzuerkennen, erfüllt beide Bedingungen. Die zunächst fehlende Typenfülle fand sich verwandelt und in gesteigerter Gestalt als Reichtum an Individualitäten, an Personen wieder. Der Arten-Reichtum der Tiere, der dem Menschen zu fehlen schien, hatte ein neues Gesicht angenommen, eine neue Gestalt, in die sich das scheinbar Fehlende verhüllt hatte. Die Exemplare der Sonderart Mensch wurden als Träger eines Arten-Ichs erkannt, jeder seine eigene Art. Es besteht also eine Beziehung zwischen der niederen Vielheit der Arten des Tierreichs und der neuen und höheren Vielheit der menschlichen Personen.

Diese Paradoxie von Art als Reich, von Reich als Art, erfährt nun eine höchste Steigerung, wenn ein ganzes Reich in der engsten Grenze einer einzigen Individualität erscheinen soll, wenn ein einziger Mensch die Rangstufe eines ganzen Reiches repräsentiert. Das ist aber bei der

Inkarnation des Christus in dem Jesus von Nazareth zur Tatsache geworden. Trotzdem und gerade deswegen sind wir aufgefordert, auch hier die Frage zu stellen, wie denn und ob überhaupt diese beiden Bedingungen erfüllt sind, ob es überhaupt einen Sinn hat, auch jetzt noch von einem Reich zu sprechen. Wir fragen also zunächst nach einem neuen Wesensglied, das sich an das bisher höchste Wesensglied im Menschen, an das Ich, anschließen müßte. Denn die Stufenfolge ist mit den vier Wesensgliedern und mit dem Ich nicht zu Ende. Doch da können wir von keiner neuen Stufe sprechen, keiner Stufe, die höher liegt als das Ich.

Beim Menschen als Art hatten wir wenigstens noch den Nachweis eines neuen Wesensgliedes, des Ich. Die Schwierigkeit kam erst, als es darum ging, nun auch noch die Vielheit von Arten und Typen zu finden. In diesem neuen Reich des Jesus Christus beginnt die Schwierigkeit schon bei der Frage nach einem neuen Wesensglied. Aber wir haben oft schon erkannt, daß im Alten das Neue, das Höhere und Künftige wie verborgen ruht. Die neue Stufe, die also zu erwarten ist, muß im Ich selber gesucht und gefunden werden. Denn das Christus-Ich ist nicht einfach von der Rangstufe eines Menschen-Ich, es ist die urbildliche Einheit in und über dieser Vielheit menschlicher Ichgestalten, es ist das Ur-Ich, das kosmische Ich, das Ich aller Iche.

Es geht also nicht um ein fünftes, sechstes oder siebentes Wesensglied, das sich an das vierte, an das Ich, anschließen könnte, sondern um eine neue Stufe im vierten Wesensglied, im Ich selber, um das Verhältnis von urbildhafter Einheit und Einmaligkeit und niederer Vielheit. In Jesus ist das Ich in seiner mikrokosmischen Größe und Urbildlichkeit geboren oder erschienen. Der Christus zeigt das Ich in seiner makrokosmischen Größe, während es sich bei den Menschen auf allen Stufen mikrokosmischen Werdens und Wachsens befindet. »So ist das Christus-Wesen ein Wesen, das in einer gewissen Beziehung dem Menschen gleicht, nur daß der Mensch mikrokosmisch ist und seine vier Prinzipien mikrokosmisch zum Ausdruck gebracht hat, also auch sein Ich mikrokosmisch hat als Erden-Ich, der Christus aber als Welten-Ich...«[23]

Wie sieht es aber mit dem anderen Phänomen aus, das vorhanden sein muß, um vollgültig von einem neuen Reich sprechen zu können? Wo ist die Vielheit der Typen, der individuellen Gestalten? Es gibt das Tierreich nicht ohne die vielen Typen. Und es gibt das Menschenreich nicht ohne die Fülle der Personen. Wenn aber von dem Jesus Christus als einer einzigen Individualität gesagt wird, auch sie sei ein neues Reich, dann müssen wir fragen, wo denn die Vielheit der individuellen Gestalten, der personhaften Wesen ist? Können wir wirklich etwas Verbindliches über diese noch fehlende oder verborgene Vielheit sagen?

Wir betrachten noch einmal die Verhältnisse zwischen Tier und Mensch, also auch hier zwischen zwei Reichen. Die beim Menschen zunächst fehlende Vielheit der Arten erkannten wir als die Vielheit der Personen. Sie sind auf neuer und höherer Stufe das gleiche, was auf älterer und niederer Stufe die Arten der Tierwelt sind. In dem neuen Reich des Menschen kehrt also in verwandelter, gesteigerter Gestalt das wieder, was im alten Reich der Tiere schon da ist. Im Tierreich ist dasjenige noch verborgen, was im Menschenreich offenbar wird. Beide Reiche sind jedoch eigene Hierarchien, und somit kann es nicht bedeuten, Personen seien offenbar gewordene Tierarten. Es geht nur um das stilgesetzlich Entsprechende.

Wenn wir die gleichen Stilprinzipien auf das Verhältnis der beiden höheren Reiche übertragen, ist der Mensch das ältere und der Jesus Christus das neue Reich. Die niedere und ältere Vielheit ist dann nicht mehr die der Arten – wie noch beim Tier –, sondern die Vielheit menschlicher Personen und Individualitäten. Es erhebt sich die Frage, ob es auch zu dieser Vielheit eine höhere, heute noch verborgene Stufe und Gestalt gibt, so wie einst zwischen tierischer Art und menschlicher Person, doch mit dem großen Unterschied, daß es nun ein Niederes und Höheres der gleichen Person ist, daß hier also Identität waltet. Jeder von uns ist als einzelner gemeint, als ein Wesen, das heute die ihm vertraute Stufe hat, in oder über dem aber eine höhere Stufe als Zukunft verborgen lebt, die einmal offenbar werden könnte. Und wo wird sie offenbar? Nur in einem nächsthöheren Reich. Dieses neue

Reich muß aber das einheitsstiftende und tragende Prinzip dieser neuen, zukünftigen und heute noch verborgenen Vielheit sein, der Stamm, der zu den Gliedern und Ästen dieser Zukunft dazugehört, die Einheit, die als Partner die Vielen tragend, hüllend, helfend und heilend ergänzt. Dieser Stamm ist aber der Christus selber, der mit dieser Vielheit zusammen das neue Reich ausmacht. Weiß man darum, daß jeder einzelne Mensch in einer individuellen Evolution begriffen ist, durch alle Weltalter der Geschichte in allen Inkarnationen, dann wissen wir auch, daß keiner am Ziel seiner Wege ist, daß das meiste noch verschleiert, verborgen und unoffenbar ist. Wir können und dürfen aber auch wissen, daß diese Ziele in dem neuen Reich des Christus liegen, daß wir selber es sind, die die Vielheit der Wesen in seinem neuen Reich bilden und ausmachen. Dieses neue Reich ist durch und durch im Werden begriffen, hier lebt alles in Entwicklung. Er, der Christus, arbeitet unentwegt an seinem Reich in uns und mit uns. Wir sind nicht nur passive Objekte einer nur überindividuellen Evolution, sondern sind aktiv in diesen Prozeß des Werdens mit einbezogen. Er ist der Stamm, das Reich, das Phylum, und wir sind die werdenden und sich entfaltenden Glieder, die Vielen zu dem Reich des Einen. Das Reich ist auf allen Stufen, ob als Mineral, als Pflanze, Tier oder Mensch, immer die höchste ideelle Einheit einer großen Vielheit individueller Ausformungen und Gestalten. Doch bleiben diese Reichs-Einheiten den Sinnen verborgen, offenbaren sich bis hin zum Menschen nur dem Denken in Gestalt der Idee. Und nun geschieht das Überraschende, das Umgekehrte: Die Einheit des Reiches, die Idee, die Urgestalt offenbart sich den Sinnen, wird Mensch unter Menschen, ist Mensch aller Menschen, ist der Ur-Mensch, aber die dazugehörende Vielheit bleibt den Sinnen weithin noch verborgen. Es gibt die vielen Menschen auf einer unteren, auf der jetzigen Stufe, und es gibt die Vielen auf höherem, auf neuerem und zukünftigem Niveau.

Die vielen Menschen sind zunächst und in erster Linie Glieder des Menschen-Reiches und können nicht ohne weiteres noch zu Gliedern eines anderen und neuen Reiches gemacht werden. So gehören ja auch die vielen Arten der höheren Tierwelt zum Reich der Tiere und niemals zu dem Reich des Menschen. Aber wenn das in diesen vielen Arten verborgene höhere Ichwesen der Tiere offenbar würde, müßte diese Vielheit einem neuen und höheren Reich des Personalen angehören. So ist in uns allen ein Höheres veranlagt, aber noch unoffenbar. Wenn es erscheinen wird, sind diese Vielen die Glieder des neuen Reiches des Christus.

Bedenken wir noch einmal das Verhältnis der Sonderart Mensch zu den vielen Personen als Arten ihrer selbst. Einheit und Vielheit sind beide vom Rang der Art. Die eine Art ist somit Träger der vielen Arten. In diesem Verhältnis ist aber die eine Art noch auf der Stufe urbildlicher Jenseitigkeit, ist noch kein Mensch als Person, während die Vielen, die Arten ihrer selbst, historisch-naturhaft reale Menschen sind. Art und Arten verhalten sich noch wie das Drüben und Drüber zu einem Hier und Drinnen.

Wie ist es nun mit dem Christus als Einheit und Träger einer neuen Vielheit? Er ist ganz hier und drinnen, als Urbild aller Menschen ist er zugleich auch ein Mensch unter Menschen. Und es gehört zu seiner und unserer Zukunft, daß seine Wesenssubstanz allmählich in das Wesen der Vielen eindringt und von ihnen aufgenommen wird, daß Er in uns lebt und wir in ihm zu unserem höheren, eigentlichen Wesen aufwachen. Jeder Mensch hat seine eigene Stammesgeschichte, und diese bis heute im Schoß des alten Adam; in Zukunft wird sie im Schoß des allumfassenden Stammes, der »makrokosmischen« Christus-Individualität sich vollziehen. Das Arthafte, die Artnatur des Menschen, ist auch in jedem als die Art seiner selbst, dies aber auf vielen Stufen der Entwicklung. So gehört auch die Christuswesenheit zum inneren Wesen des Menschen. Christus wird die Menschen auf vielen Stufen des Werdens zu Christen reifen lassen. So bildet sich das neue Reich durch die Zeitalter als der neue Äon. Die Bildung des Menschenreiches hat man die Hominisation genannt, auch diese ist durch die Geschichte hin ein immerwährender Prozeß. Entsprechend darf man die Bildung des neuen Reiches eine Christifikation nennen, die Christwerdung der Vielen durch viele Stufen des Werdens von Menschheit und Erde.

Da der Jesus Christus der Repräsentant der gesamten Menschheit ist, muß auch in seinem Kommen, Gehen und in seiner Wiederkehr, also in Geburt, Tod und Auferstehung, ganz individuell und doch repräsentativ für die Menschheit etwas erschienen sein, das auch die Evolutionswege der Menschheit urbildlich enthält, vorausnimmt und prophetisch vorverkündet. Auf die Hominisation als Beginn der Geschichte muß die zweite Hominisation als Beginn des neuen Reiches, der Meta-Historie folgen, die Christifikation zunächst des einen Menschen und dann der ganzen Menschheit. Und dem Tod des Christus am Kreuz, diesem letzten Ende aller Erdenwege, entspricht auch das Ende der Geschichte und der kommende Erdentod. Die Auferstehung gehört schon ganz dem neuen Äon an, liegt schon jenseits von Zeit, Raum und Materie, bereitet nicht nur eine neue Menschheit vor, sondern mit ihr auch eine neue Erde.

Eine wichtige Frage ist die nach der Reinkarnation und ihrer Beziehung zum Christentum. Den Christen fällt es besonders schwer, diese anzuerkennen und mit dem Christentum zu vereinen. Doch ist gerade das Phänomen der urbildlichen Einmaligkeit der Christus-Inkarnation der unübersehbare Hinweis darauf, daß zu dieser Einmaligkeit die Vielheit notwendig dazugehört, und nicht nur die Vielheit der vielen Menschen, sondern die Vielheit der Inkarnationen eines jeden einzelnen Menschen. Die Einmaligkeit seiner Inkarnation fordert geradezu die Vielheit dieses Geschehens bei uns Menschen heraus. In dem Jesus Christus ist der Stamm, das Phylum der Menschheit, auch die eine Person geworden, d. h. aber, sein Wesen und sein Leben beziehen sich nicht nur auf die Menschheit als ganze, sondern auch auf jeden einzelnen. In seiner Einmaligkeit ist auch die Vielheit der Inkarnationen eines jeden Menschen überwunden und urbildhaft überhöht. In ihm und mit ihm kommt auch diese Vielheit an ihr Ende und Ziel.

Die Auferstehung des Christus ist seine erste Wiederkehr. Sie bezieht sich ganz nur auf ihn selber, ist ein Phänomen dieser Individualität, die Geistwerdung seines Leibes. Aber es gibt noch eine andere Gestalt seiner Wiederkehr: die Wiederkehr in all den Menschen, die bereit und willens sind, ihn in sich aufzunehmen. Der Christwerdung des Einen wird die Christwerdung der Vielen folgen, seine Wiederkehr in den Gliedern des neuen Reiches, die nur dadurch überhaupt erst zu Gliedern dieses neuen Reiches werden. Zu dem Ur-Christophorus, dem Jesus als Christusträger, gehören die vielen Menschen, die dazu berufen sind, Christophoren zu werden, Christen im Reich des Christus.

Mit diesem 15. Kapitel könnte das Buch schließen. Aber von einem Phänomen, das uns schon mehrfach begegnet ist, hätten wir dann die Steigerungsgestalt noch nicht gezeigt. Daß der Mensch ein Reich unter Reichen ist, das haben wir erkannt. Aber es fehlt noch eine begründete Darstellung, daß er auch das Reich aller Naturreiche ist. Und wir wissen auch, daß die Art aller Arten die Brücke und Stufe zu dem neuen Reich des Menschen ist. Aber wir haben noch nicht gezeigt, wie der Mensch als Reich aller Erdenreiche auch über sich hinausweist zu dem neuen Reich in und über den Menschen, zu dem werdenden Reich des Christus.

Vierter Teil

DIE MENSCHHEIT ALS REICH ALLER ERDENREICHE UND ALS BRÜCKE ZU EINER NEUEN STUFE IHRER EVOLUTION

16. Die Menschheit als das Reich aller Erdenreiche

Die Menschheit ist ein Reich unter den Reichen dieser Erde. In Kapitel 4 blieb die Frage offen, ob sie auch das Reich aller Reiche ist, ein Kompendium der Erdennatur, wie die Art aller Arten eine urbildhafte Zusammenfassung aller Tiertypen ist. Da die Menschheit immer beides zugleich ist, Art und Reich, als Art immer auch das Reich, kann man sagen, daß alles Arthafte bei ihr immer auch einen Reichscharakter hat. Spricht man z. B. von den Rassen der menschlichen Art, so zeigen diese Rassen zugleich auch immer eine Prägung durch die Reichsnatur, sind immer auch mehr als Rassen einer zoologischen Art, sind zugleich auch Kategorien des Reiches, sind von höherem Rang als Rassen in der Tierwelt. So muß sich auch der Charakter einer Art aller Arten fortsetzen und wiederholen in der Reichsnatur des Menschen. Die Art ist immer auch das Reich, und somit muß das Phänomen einer Art aller Arten seine Entsprechung auch in einem Reich aller Reiche haben. Doch darf uns das nicht genügen, wir müssen es auch genau begründen und an den Phänomenen zeigen, woran das Wesen eines Reiches aller Erdenreiche zu erkennen ist.

Der Gedanke eines Reiches aller Reiche hat seine Vorstufen. Es ist das Phänomen einer Urbild verwandten Einheit gegenüber einer gestreuten Vielheit. So begann es mit der Art aller Arten, entwickelte sich fort zu dem Exemplar aller Art-Exemplare, steigerte sich dann zu dem Menschen aller Menschen, dem Jesus von Nazareth, und erreichte seine höchste und letzte Stufe in dem Ur-Menschen, dem Menschen in seiner göttlichen Gestalt, dem Gott in seiner Menschengestalt, dem Jesus Christus. Er ist in urbildlicher Einheit und Einmaligkeit das Urbild aller Menschen und aller Menschheit. Wir sind auf allen Stufen unserer Existenz eine niedere, abbildhafte Streuung dieser urbildhaften Einheit. Dieser Weg begann also mit der unteren der beiden Naturen, mit der Art aller Arten, führte dann tiefer in das Individuelle der Menschheit und des Menschen und endete im letzten Ziel, in der Individualität des Jesus Christus. Wir müssen nun fragen, ob es zu diesem individuellen Weg auch einen universellen Weg gibt, der von der Reichsnatur des Menschen ausgeht und daran orientiert ist.

Die Menschheit als Art ist mehr als nur eine biologische Art. Sie ist Art aller Arten. Das heißt aber, in ihr erscheint eine höhere, den Ideen verwandte urbildliche Realität. In diesem Kompendium aller Arten wird sinnenhaft wahrnehmbar, was für die Vielheit der Arten unsichtbar verborgen lebt. Eine Pflanze aller Pflanzen als eine sinnlich erfahrbare Realität innerhalb der Pflanzenwelt, als eine Pflanze unter Pflanzen, gibt es nicht. Sie bleibt als Urpflanze eine ideelle Realität. Dagegen kann man schon von einem Tier aller Tiere sprechen, das auch sinnenhaft in Erscheinung getreten ist. Das ist aber die Art aller Arten, der Mensch als das Urtier. Das Urbildhafte und seine niedere Gestreutheit gehören der gleichen Dimension an, beide sind naturhaft real. Und auch in den anderen Fällen ist Höheres, Urbildhaftes sinnlich real geworden, wenn wir von einem Exemplar aller Exemplare sprechen und auch von einem Menschen aller Menschen, von dem Jesus von Nazareth. Bei ihm ist dieses Menschheits-Urbild aber erst in der unteren seiner beiden Naturen offenbar geworden. Erst in dem Jesus Christus ist auch die obere Natur, die Ichwesenheit, eine Offenbarung dessen, was für die vielen Menschen noch wie verborgen über ihnen existiert. In seiner Individualität ist geschichtlich real geworden, was für uns alle noch in übergeschichtlicher Zukunft liegt. Als geeinte Zweinatur zeigt der Jesus Christus die zwei Naturen des Menschen in höchster Steigerung und Vollendung, als der real erschienene Urmensch in Gestalt eines Menschen unter Menschen.

In allen diesen Fällen tritt Urbildliches in die abbildhaft gestreute Realität herab, Einheit und Vielheit liegen in der gleichen Dimension, im gleichen geschichtlich-naturhaften Niveau. Dieses Phänomen der Steigerung erschöpft sich nicht in sich selber. Diese Urbild-Gestalten sind auf allen Stufen Vorformen für einen neuen Evolutionsschritt. So ist die Art aller Arten Brücke und Vorstufe zur Menschheit als einem Ich-tragenden Reich. So ist das Exemplar aller Art-Exemplare eine Vorstufe für die neue, höhere und gesteigerte Gestalt einer Individualität, des Menschen aller Menschen, des Jesus von Nazareth. Dieser hat seine Bedeutung nicht nur in sich selber, sondern weist über sich hinaus zu dem neuen Reich, zu der Inkarnation des Christus in dieser menschlichen Hochform. Aber auch dieser Urmensch als Mensch aller Menschen, diese Stammachse der gesamten Menschheit, weist über sich hinaus in eine neue Zukunft, in ein neues Reich. Diese Zukunft ist selbst wieder die höhere Stufe der Vergangenheit. Denn das ist das Einmalige und Erstmalige in der Christus-Wesenheit, daß hier alle alten Wege an ihr Ziel gekommen sind. Die neuen Wege gehen durch ihn hindurch und sind in ihm und über ihn eine gesteigerte Wiederkehr des Vergangenen. Sie sind eine neue Stufe der Menschheit über der alten, eine neue Stufe der Vergangenheit als Zukunft, eine neue Erde über und aus der alten Erde.

Die Frage nach dem Menschen als Reich aller Reiche ist aufs engste mit der Frage nach dem Jesus Christus verbunden. Indem wir diese Frage am Schluß erneut aufgreifen, führt sie uns nicht zurück; sie ist im Rahmen unserer Methode eine ausgesprochene Zukunftsfrage unter dem Aspekt der Reiche, ihrer Stufenfolge und Vollendung in dem Christus, dem Bringer eines neuen Reiches. Denn läßt sich nachweisen, daß der Mensch mehr ist als nur ein Reich unter Reichen, daß er darüber hinaus auch das Reich aller Erdenreiche ist, dann führt das schließlich zu der Frage: Ist die Menschheit heute Brücke und Vorform zu einer neuen Stufe ihrer selbst? Ist sie notwendige Voraussetzung für die weiterschreitende Evolution von Reich zu Reich? Ist auch in ihr offenbar geworden, was in den anderen Reichen der Erde noch verborgen ist? Dann müßte sich in der Menschheit etwas von dem Urbild dieser Erde ankündigen, dann offenbarte dieses Reich aller Reiche ebenso wie die Art aller Arten ein sonst geistig Verborgenes bis hin zur sinnenhaften Anschauung. Dort ist es das Kompendium der Tierarten, hier ist es das Kompendium der Naturreiche, der ganzen Erde.

Wir müssen also jetzt den Menschen als Reich mit den Reichen der Natur vergleichen. Dann können wir auch sagen, ob er das Reich aller Reiche ist. Vom Gestalthaften, vom Morphologischen aus gesehen, kann man das nicht sagen. Nur mit den Tieren besteht eine solche Verwandtschaft, daß ein Vergleich noch Sinn hat. Aber das bezieht sich auf die Artnatur. Bei der Pflanze und beim Mineral hat ein solcher Vergleich überhaupt keinen Sinn mehr. In Bezug auf das rein Morphologische kann man also nicht sagen, die Naturreiche seien der zerstreute Mensch und dieser sei das Kompendium, die integrierte und gesteigerte Einheit dieser morphologischen Vielheit. Und doch gibt es einen Aspekt, der uns erlaubt, die Reiche der Natur als den zerlegten Menschen zu verstehen und den Menschen als die zu einem Wesen hin integrierte Einheit dieser Vielheit, als ihr Kompendium zu erkennen. Dieser Aspekt bezieht sich also nicht auf die Gestaltenfülle, sondern auf das Schichtgefüge, auf die Wesensglieder. Versteht man unter dem Mineralreich nur die physische Leiblichkeit, unter dem Pflanzenreich nur das Leben und nicht die Fülle der Formen, und versteht man unter dem Tierreich nur das Seelische, das Astrale und nicht die Gestalten-Vielfalt, dann ist der Mensch doch, und zwar ganz offensichtlich die integrierte Einheit dieser als Natur zerlegten Stufen, Schichten oder Wesensglieder, dann ist er das Reich all dieser Reiche, weil seine Wesensglieder die Repräsentanten dieser Reiche sind.

Aber was wird denn in dieser integrierten Einheit offenbar, das für die niederen Reiche noch nicht deutlich zu sehen ist? Der Mensch macht im Abbild offenbar, was als Urbild der Erde, als ideelle Einheit existiert. So wie er als Art aller Arten auch als das Ur-Tier verstanden werden kann, so darf man den Menschen vom Gesichtspunkt dieser integrierten Wesensglieder als eine sinnenhafte Erscheinungsform des geistigen Einheitswesens der Erde bezeichnen. Wenn man dazu noch bedenkt, daß die Evolution der Erde und ihrer Reiche von Urbeginn an auch die Evolution des Menschen ist, daß der heutige Zustand der Erde ein Nachklang dieses äonenlangen Weges ist, auf dem Mensch und Erde in wechselseitiger Anteilhabe das wurden, was sie heute sind, dann ist der Gedanke unausweichlich, daß im Menschen konzentriert dasjenige lebt, was sich als Natur um ihn her ausgebreitet hat. Damit wird durch den Menschen sinnenhaft offenbar, daß die Erde selbst ein Wesen ist, auch in der Getrenntheit ihrer Reiche als ein einheitlich gestaltetes Wesen verstanden werden muß. Im Menschen wird diese höhere Einheit und Urbildlichkeit der Erde als Wesen sinnenhaft offenbar.

Wesensglieder zeigen aber erst die eine Seite der Reichsnatur. Die andere Seite besteht in der Vielheit individueller Formen und Typen (vgl. Kapitel 4). Wenn man also vom Menschen als von dem Reich aller Reiche spricht, dann muß auch diese andere Seite mit in die Gedanken einbezogen werden. Aber widersprechen wir uns da nicht, sagten wir nicht gerade, daß hier im Morphologischen keine Vergleiche möglich und sinnvoll sind? Daß der Mensch hier nicht als das Kompendium der Reiche verstanden werden kann?

Doch fragen wir einmal, wie sich denn im Menschen die Gestaltenfülle als Vielheit der Arten offenbart! Sie liegt erstaunlicherweise im vierten Wesensglied selber, in der Ichnatur eines jeden Menschen, in der Individualität als Art ihrer selbst. Die arthafte Gestaltenfülle tritt also gar nicht unmittelbar sinnlich in Erscheinung. Was wir als sinnenhafte Vielheit wahrnehmen, ist in erster Linie die Vielheit der Art-Exemplare und diese erst als Träger der verborgenen, innerlichen Ichwesenheit. Das ist ja das Erstmalige und Einmalige beim Menschen, daß ein Wesensglied zugleich auch Typus-Charakter, Art-Charakter hat (vgl. Kapitel 4). Von hier aus wird es nun doch möglich, das morphologisch Individuelle in den Vergleich mit einzubeziehen, denn Wesensglied und Arten-Reichtum fallen hier in eins zusammen, werden identisch, die Art ist Wesensglied, ist Schicht und Stufe, und das Wesensglied, die Schicht oder Stufe, ist auch Art. Die beiden Aspekte, die für das Wesen eines jeden Reiches charakteristisch und bestimmend sind, sie werden im Menschen in dem vierten Wesensglied identisch.

Nun ist der Mensch mit seinen vier Wesensgliedern der systolisch integrierte Repräsentant der vier Reiche. Die drei unteren Wesensglieder repräsentieren die drei Naturreiche. Das vierte Wesensglied, das Ich, ist der besondere Repräsentant des Menschen als Reich. Es besteht also jetzt die Möglichkeit, die Frage nach dem Reich aller Reiche zunächst erst einmal ganz in den Menschen selber zu verlegen. Da er der Repräsentant dieser Vierheit von Reichen ist, kann die Frage auch an diesem Repräsentanten geprüft werden. Die Frage nimmt eine andere Gestalt an, sie lautet dann nicht mehr, inwiefern ist der Mensch auch hier das Reich aller Reiche, sondern – bezogen auf die Wesensglieder – inwiefern ist das vierte Wesensglied zugleich auch das Wesensglied aller Wesensglieder. Diese Formulierung ist uns nicht neu, neu ist nur ihr Inhalt, neu ist, daß sich dieses Phänomen noch einmal zeigt, und zwar bezogen ganz auf die Wesensglieder. Aus der Frage nach dem Reich aller Reiche wird nun die andere, engere Frage nach dem Wesensglied aller Wesensglieder.

Diese Ausdrucksweise hat aber nur dann einen Sinn, wenn mit diesem vierten Wesensglied, d. h. aber mit dem Ich, etwas in Erscheinung getreten ist, das für die anderen, die drei unteren Wesensglieder, noch wie verborgen und unoffenbar, noch draußen oder drüber existiert, noch Zukunft bedeutet. Worin aber besteht dieses Besondere des vierten Wesensgliedes, des Ich? Es besteht darin, daß in dieser Einheit von Wesensglied und Typus auch die Einheit und Zusammengehörigkeit von leibverwandter Hüllen-Natur und geistigem, ideenhaftem Inhalt gegeben ist. Geist und Leib gehören hier zusammen, Wesensglied und Geistesstufe sind nicht voneinander zu trennen. Dieses aber muß urbildlichen, vorbildlichen Charakter haben, muß etwas sein, das für alle Wesensglieder gilt, sich aber nur erst im vierten Wesensglied, im Ich, zum ersten Male kundgetan hat. Was also hier nicht voneinander getrennt werden kann, es muß für die anderen, für die unteren Wesensglieder auch existieren, dort aber noch im Zustand der Getrenntheit. Was im vierten Wesensglied offenbar geworden ist, muß für die drei unteren Wesensglieder noch in tiefer Verborgenheit leben, je tiefer das Wesensglied, um so verborgener, um so höher die geistige Ergänzung, Erfüllung und Vollendung.

Dieses vierte Wesensglied unterscheidet sich von den drei anderen eben dadurch, daß es nicht nur leibverwandtes Hüllenwesen ist, sondern auch geistverwandter Inhalt. Leib und Geist erscheinen hier als Einheit, als zusammengehörig, sind Urbild und Vorbild, vorausgehendes Geschehen. Im Ich wiederholt sich auf innerlichster Stufe eine Zweiheit von Art und Reich, Art als Reich, Reich als Art. Was hier aber noch zwei wirklich verschiedenen Bereichen angehört, ist im Ich ganz ein und dasselbe, eine Zweiheit von gleicher Substanz. Man könnte also sagen, daß die eine Seite des Ich mit dem Arthaften, mit der unteren Natur, zu vergleichen ist, während die andere Seite mit dem Reichshaften, mit der oberen Natur, verglichen werden kann. Diese Zweiheit ist aber nicht aus zwei Richtungen her sekundär aus einer vorausgehenden Getrenntheit zusammengewachsen, sondern ist urgegeben und aus einer Einheit hervorgegangen, eine urgegebene Einheit, die in sich selber auch eine urgegebene, primäre Zweiheit bildet. Ja, man kann sogar fragen, ob sich auch hier noch das Verhältnis von niederer Vielheit und höherer Einheit wiederholt. Die niedere Vielheit ist dann die Zahl der Inkarnationen des Ich. Und die höhere Einheit ist nichts anderes als die Wesens-Entelechie, die niemals ganz in die Inkarnation eingeht.

Inwiefern ist also der Mensch in bezug auf diese beiden Seiten seines vierten Wesensgliedes, seines Ich, auch jetzt noch das Reich aller Reiche? Im Ich des Menschen wird offenbar, daß zum Wesensglied eine geistige Ergänzung dazugehört, zum Leib der Geist. Das Ich des Menschen als Wesensglied wird dann zum Paradigma, zum Beispiel für alle Wesensglieder. So wie das Ich beiden Ordnungen angehört, dem Wesensglied und dem Typus, dem Leib und dem Geist, so gehört zu jedem Wesensglied als leiblicher Hülle seine geistige Ergänzung, zum Astralleib ein Geistiges des Seelischen, zum Ätherleib ein Geistiges des Lebens und zum physischen Leib ein Geistiges des Physischen.[24]

Die beiden Phänomene, die jedes Reich charakterisieren, die Stufung der Wesensglieder und die Ordnung der Typen, wachsen beim Menschen an einer Stelle zusammen. Sie werden im vierten Wesensglied identisch. Leibeshülle und Geistesinhalt werden im Ich ein und dasselbe. Somit wird im Ich offenbar, daß beides zusammengehört. Jedes Wesensglied hat seine Geistesstufe, auch dann, wenn sie noch nicht offenbar geworden ist und die Realisierung noch in der Zukunft liegt. Beim Ich liegt diese Zweiheit von Wesensglied und Geistes-Stufe ganz im Ich selber. Das Ich hat sich in bezug auf diese Zweiheit selbst zum Partner. Durch diese erstmaligen Verhältnisse im Ich werden wir aufmerksam gemacht auf ein Phänomen und Problem, das weit über das Ich hinausreicht. Dieses Phänomen gibt es bei allen Wesensgliedern. Alle, auch die niederen Wesensglieder, haben einen sie ergänzenden und vollendenden Partner. Je tiefer der eine Partner steht, desto höher ist seine geistige Ergänzung. Und je höher das Wesensglied steht, desto näher herab kommt seine geistige Ergänzung. Im vierten Wesensglied, im Ich, fallen beide Partner ineinander. Sie haben sich selbst zum Partner. Es ist wie ein Uranfang werdender Zweiheit und Getrenntheit und wie ein Uranfang beginnender Vereinigung. Dieses mit dem Ich gegebene Phänomen erstreckt sich auf alle Wesensglieder, so daß auch die niederen Wesensglieder ihre höhere geistige Ergänzung haben. Aber nur im Ich erkennen wir die Zusammengehörigkeit der Partner, während diese Partner für die drei unteren Wesensglieder noch als Getrenntheit bestehen, deren Vereinigung in der Zukunft liegt. Der Mensch ist insofern das Reich aller Reiche, als sich schon in ihm etwas ereignet hat, das für seine Hüllennatur erst in Zukunft geschieht. Hier beginnt sichtbar zu werden, was sich durch die Folge aller Wesensglieder bis herab zum physischen Leib hindurchzieht. Sie alle bilden eine Partnerschaft von Niederem und Höherem, von Leib und Geist. Aber nur im Ich sind diese Partner vereint. Hier liegt der Anfang eines Weges in die Zukunft, in der Wesensglieder und ihre geistigen Partner sich wechselseitig durchdringen, aber nur durch die Aktivität des Ich selber. Diese Verhältnisse im Ich, seine zwei Seiten, seine »zwei Naturen« von Wesensglied und Geist, haben uns auf ein Problem aufmerksam gemacht: die Erweiterung der Wesensstruktur des Menschen über seine Ich-Stufe hinaus ins Geistige.

So sehen wir die Vollendung in einer siebenfachen Gesamtwesenheit des Menschen. Im Ich des Menschen beginnt zum ersten Male sichtbar zu werden, daß beides zusammengehört: Wesensglied und geistige Ergänzung. Bei weiterschreitender Durchdringung dieser Partner über das Ich hinaus bedarf es der Mitarbeit des Ich. Es ist durch seine urgegebene »Zweinatur« wie prädestiniert zu dieser Aufgabe, die künftige Vereinigung durch Wandlung des Unteren selber zu schaffen und daran mitzuwirken.

Da die drei unteren Wesensglieder des Menschen auch die drei niederen Reiche repräsentieren, steht der Mensch gewissermaßen stellvertretend für sie da. In dieser Stellvertretung verstehen wir ihn auch jetzt wieder als das Reich aller Erdenreiche. Geistiges, Urbildliches ist zum ersten Mal individuelles Wesensglied geworden. Ein Wesensglied hat zum ersten Mal auch seine geistige Ergänzung, seine andere, seine höhere Natur gezeigt.

Wenn auch im vierten Wesensglied die Geistesstufe und Leibeshülle identisch werden, so bleibt es doch ein Unterschied, ob man von einem Wesensglied aller Wesensglieder oder von einem Ich aller Iche spricht. Ein Ich aller Iche bezieht sich nur auf das eine, das vierte Wesensglied und auf eine niedere Vielheit von Ichen, es bleibt ganz im gleichen Element; während ein Wesensglied aller Wesensglieder auch die anderen, niederen Wesensglieder mit einbezieht. Die Vielheit ist in dem einen Fall nur die Vielheit der Iche, in dem anderen Fall die Vielheit aller Wesensglieder. Ein Ich aller Iche gibt es im Bereich des Menschen nicht, es ist in jedem Fall die Überhöhung alles Menschlichen, das Christus-Ich. Ein Wesensglied aller Wesensglieder aber gehört ganz zum Bereich des Menschen, zeigt ihn als die höhere Stufe der niederen Wesensglieder.

Der Mensch ist wie ein samenhaftes Konzentrat der ganzen Erde und ihrer Vergangenheit. In diesem Samen liegt und lebt aber auch als Keim seine eigene Zukunft und die der ganzen Erde. Denn seine eigene Zukunft repräsentiert auch die Zukunft der Erde und ihrer Reiche. Diese Zusammenhänge und Aspekte können sich nur in allerersten Umrissen aus den Strukturen des Ganzen zeigen, wie silhouettenhafte Bilder und Hinweise auf ungeahnte Stufen zukünftiger Entwicklungen.

17. Die Menschheit und das Schicksal ihrer kommenden Trennung

Die Art aller Arten war in Urvergangenheit berufen, das Fundament einer neuen Stufe der Menschheit zu werden. Nicht anders ist es nun mit dem Reich aller Reiche. Seine Rolle besteht nicht nur in dem gegenwärtig erreichten Zustand, sondern als Reich aller Reiche weist es über sich hinaus in eine neue und höhere Stufe des Menschseins und des Menschenreiches, in gesteigerte Stufen der Zukunft schlechthin. Was wir heute sind, ist Brücke und Vorstufe für ein neues, werdendes Reich über dem Menschen, ein neues Reich der Menschen; mehr noch, ist Vorstufe und Beginn einer neuen, werdenden Erde.

Wir begannen unsere Untersuchungen mit der Art aller Arten. Dieser Weg führte uns zunächst zum Menschen aller Menschen und schließlich zum Jesus Christus als der höchsten Steigerungsstufe geeinter Zweinatur, als höchstem Gipfel der Individualität. Dies war der eine Weg, der hinführte zum Individuellen, zugleich aber auch zu dem keimhaften Beginn eines neuen Reiches, eingegrenzt in den engen Rahmen einer einzigen Individualität. Doch wir fragten auch schon nach der Vielheit, die zu diesem wie zu jedem anderen Reich gehört, und fanden, daß es die noch verborgene, höhere und zukünftige Stufe der Menschen sein muß, deren Werden seit dem Erscheinen des Christus schon begonnen hat. Waren einst die vielen Exemplare der Sonderart offen für einen neuen Evolutions-Schritt, für die Hominisation, so sind es jetzt die vielen Menschen, die Reichs-Exemplare, von denen aus der neue Evolutions-Schritt erfolgen muß. Sie sind jetzt die nach oben hin offene Vielheit, die auf Erfüllung hin angelegt ist.

Wo aber ist die verbindende Mitte, die Brücke in die Zukunft, die das eine Ufer mit dem anderen verbindet, der Übergang von der alten zu einer neuen Menschheit? In der Vergangenheit war es die eine Art aller Arten, die diese Brücke bildete, in deren Schoß die vielen Individualitäten geborgen waren und heute immer noch sind, die uns die Möglichkeit zu unseren Erdenwegen durch die Inkarnationen hin gab und immer noch gibt. Wo ist die Verbindung von dem einen Ufer zu dem anderen einer zukünftigen Menschheit, wo ist die Brücke vom alten zum neuen Reich des Menschen, ohne die ein solcher Evolutions-Schritt überhaupt nicht getan werden kann? Auch ein neues Reich der Vielen bedarf einer tragenden, bergenden, helfenden Einheit, ohne welche die Vielen weder möglich sind noch Wirklichkeit werden können, eine stammhafte, urbildhafte Einheit, in der sie alle geborgen sind und sich zu neuen Stufen entfalten können.

Da wir uns jetzt ganz im Bereich des Individuellen befinden, die Beziehung zum Arthaften der Tiere ganz aufgegeben haben, muß auch die gesuchte Mitte und Brücke vom alten zum neuen Reich des Menschen an dieser Personalisation teilgenommen haben. Als Art aller Arten war die Brücke noch unindividuell, war noch als untere Natur ein Teil der Individualität, war Glied einer systolischen Einheit, hatte noch nicht den Charakter einer Person, einer Individualität. Jetzt aber muß diese verbindende Mitte Individualität haben. Das bedeutet aber auch, daß sie als ein eigenes Wesen für sich in Erscheinung treten wird. An die Stelle der Art aller Arten tritt nun die eine Person aller Personen, der Mensch aller Menschen, der Ur-Mensch als geeinte Zweinatur. Dieser aber ist niemand anderes als Jesus Christus, das Bindeglied vom alten zum neuen Reich, vom alten zum neuen Äon. Im Pyramidenbau der Evolution war er gewissermaßen die Spitze, das höchste und letzte Ziel, das Novum im Evolutions-Gang der Menschheit. In Zukunft aber ist er in der werdenden neuen Menschheit der tragende Grund, das schon Vorhandene, während die neue und künftige Gestalt der Vielen das eigentliche Novum dieses Reiches sein wird. Der Jesus Christus ist Ende und Wende, ist das absolute Ende aller alten Wege und absoluter Anfang aller neuen Wege. Er ist wie ein Brennpunkt, in dem sich alle Vergangenheit sammelt und aus ihm als Zukunft neu ausstrahlt. In diesem neuen Reich werden die Vielen zwar zur unteren Stufe des Christus, aber sie erscheinen dann als das Novum, während er selbst ihr geistig tragender Grund wird. Der Christus ist das schon Vorhandene, und die Vielen bilden dazu das Novum dieses Reiches. Das Novum besteht darin, daß die Vielen das Christuswesen in sich aufgenommen haben, der Eine in den Vielen, die Vielen in dem Einen.[25]

Sprachen wir bei der Ich-Geburt der Vielen von dem Ereignis der Hominisation, so darf man mit Recht diese neue Evolutions- und Schöpfungsphase als die Christifikation der Vielen bezeichnen. Ihr geht voraus die Christgeburt des Einen, der Christus in dem Jesus, das Urbild des Christophorus. Ihm werden und wollen die vielen Christophoren folgen, die Christen des Christus. Er, der Eine, ist der Christus. Wir, die Vielen, sind berufen, einmal die Christen des Christus zu werden, nicht Anhänger, nicht Christianer, sondern Wesen von seinem Wesen, Geist von seinem Geist, Ich von seinem Ich, Glieder seines Leibes.

Hier vollendet sich auf höchstem, individuellstem und universellstem Niveau ein Verhältnis, das uns auf niederen Stufen längst vertraut ist. So sind z. B. die vielen Löwen oder die vielen Rehe auch keine Anhänger des einen Löwen, des einen Rehs, keine Anhänger der Art-Ideen, keine »Gläubigen« nur, sondern sie sind als Exemplare die Glieder dieser ideellen Einheiten. Diese Verhältnisse sind zwar unindividuelle, naturgesetzliche Gegebenheiten, und doch können sie uns ein Bild sein für das neue und hohe Niveau, für das Verhältnis des Christus zu den Menschen, die berufen, befähigt oder willens sind, an den neuen Evolutionswegen teilzunehmen oder teilzuhaben. Als Christen werden die Menschen Glieder des Christus, werden teilhaben an seiner Ichheit und Freiheit, an seiner Individualität und Universalität. Er ist kein bestimmendes Gesetz für die Vielen, sondern die Vielen entfalten sich in ihm zu ihrer eigensten Ichheit, Freiheit und Universalität.

Geht man die Evolutionsschritte weiter, die mit der Art aller Arten beginnen, so führt uns der Weg zur Individualität, zur Ich-Stufe der Menschheit und zu ihrer höchstmöglichen Steigerung in einem Menschen aller Menschen. Dieser Weg bleibt aber noch ganz im Rahmen der Menschheit, ganz im Rahmen und Raum der Geschichte. Nur die letzten Schritte auf diesem Weg, Tod und Auferstehung des Jesus Christus, führen aus diesem Rahmen heraus in ein metahistorisches Geschehen. Die Menschheit als solche, ihre Phase als systolische Einheit beider Naturen, bleibt aber weiterhin bestehen.

Zu einem anderen Ziel gelangt man, wenn man vom Reich aller Reiche ausgeht, also von der Vielheit menschlicher Individualitäten. Als Reich steht die Menschheit in einer Stufenfolge von Reichen, zu der auch die großen Zwischenräume gehören, die jeweilige Kluft zwischen Reich und Reich. Ein Evolutionsschritt, der also von der Menschheit als Reich aller Reiche aus geschieht, muß zu einem neuen Reich hinführen und damit auch zu einer Kluft zwischen diesen beiden Reichen.

In Ur-Vergangenheiten ist aus der Einheit von Tier und Mensch, Tier als Mensch und Mensch als Tier, nicht nur ein aufsteigender, sondern auch ein absteigender Entwicklungsstrom hervorgegangen.[26] So müssen wir uns fragen, ob aus dem heutigen Zustand der Menschheit in Zukunft auch diese beiden Wege hervorgehen, ein aufsteigender, der nach oben hin offen und empfangsbereit für die neue Reichsstufe ist, und ein absteigender Weg, auf dem diese Offenheit verlorengeht. Sollte sich das ereignen, so wäre auch dieses Geschehen eine große diastolische Phase, die sich aus der Systole der Menschheit entwikkelt und zu einem weiterschreitenden und einem zurückbleibenden und ausscheidenden Menschenreich führt. Diese Trennung bezöge sich aber nicht auf die beiden Naturen, sondern auf den ganzen Menschen und auf seine große Zahl. Es geht also um die Frage: Ist auch die Menschheit heute im Verborgenen auf eine Zweiheit hin angelegt, aus der sich diastolisch einmal zwei verschiedene Menschen-Reiche entwickeln können und entwickeln werden? Da Tier und Mensch in einem hohen Grade verwandt sind, da man beide Reiche auch unter dem Aspekt von Art und Arten gegenüberstellen kann, muß eine neue diastolische Trennung zwei Reiche schaffen, die noch näher miteinander verwandt sind, also zwei verschieden geartete Menschen-Reiche. Auf eine zu erwartende neue Diastole ist schon hingewiesen worden, aber noch nicht in diesem neuen und noch ganz zukünftigen Sinn. Bisher war es eine Diastole nur im Rahmen der zwei Naturen, eine Trennung dieser beiden Naturen, ein individueller Weg, dessen Ziel die Individualität des Menschen aller Menschen war, des Jesus Christus. Dieser individuelle Weg, der auch mit einer diastolischen Phase beginnt, gehört noch in den Rahmen der heutigen Menschheit, vollzieht sich von Anfang bis zum Ende mitten in der Geschichte, gehört ganz zur Historie und damit zum alten Äon. Diese neue und künftige Diastole aber gebiert aus der heutigen Einheit des Menschen zwei verschiedene Menschenreiche, ist ein Weltalter umfassender, ein kosmischer Trennungsprozeß.

Ist die ganze heutige Menschheit ein ambivalenter Zwischen-Zustand, eine noch ungeschiedene Einheit, so wie einst in Urzeiten Tier und Mensch, Pflanze und Tier, Mineral und Pflanze ambivalente, doppeldeutige Zwischenstufen von Reichen waren, die heute getrennt sind? Gibt es aus der heutigen Menschheit heraus einen aufsteigenden und einen absteigenden Weg? Gibt es ein Weiterschreiten und ein Zurückbleiben und Ausscheiden?

Wenn man mit einem aufsteigenden Weg rechnet, dann muß von oben herab ein Höheres diesem Weg entgegenkommen, ein Novum, das sich mit der empfangsbereiten Schale verbinden will.

Kann man aber irgend etwas Konkretes über das Höhere, das Novum, sagen, das da von oben herabkommt, sich mit dem Aufsteigenden verbindet und so zum neuen, künftigen Menschenreich heranreift? Dieses von oben herabkommende Novum, das sich mit der Erden-Menschheit – jetzt aber nicht nur mit einem auserwählten Menschen, sondern mit allen Menschen – verbinden will, ist der Christus. Was sich bei seiner Inkarnation in dem einen Menschen Jesus von Nazareth ganz individuell und urbildlich einmal ereignet hat, das will nach Tod und Auferstehung sich auch universell, d.h. aber bei den vielen Menschen, abbildhaft wiederholen. Seine individuelle Inkarnation war die Voraussetzung für ein Geschehen, das berufen ist, sich universell für die ganze Menschheit auszuweiten.

Bisher standen wir noch nicht so unmittelbar vor der Frage, daß sich aus der Einheit des Menschenreiches durch Trennung nun zwei Menschenreiche entwickeln könnten, daß es zu dem aufsteigenden Weg auch einen absteigenden Weg gibt, ein Ausscheiden und Zurückbleiben eines Teils der Menschen. Und noch nie wurde uns so unmittelbar deutlich, daß es die Christus-Wesenheit selber ist, die diese Scheidung hervorruft, oder anders und besser gesagt, an der sich die Menschheit selbst scheiden und entscheiden wird. Und noch etwas kann deutlich werden, diese Entscheidungen, Begegnungen, dieses Aufnehmen, Annehmen, Ablehnen und Abweisen muß in Erdenzusammenhängen geschehen, im Laufe der Menschheitsgeschichte und im Gang der Inkarnationen und Reinkarnationen durch viele Völker, Kulturen und Weltalter. Wir sehen wieder einmal, wie das Christentum ohne den Gedanken der Reinkarnation noch gar nicht den hohen Rang seiner Universalität erfüllen kann. Wenn sich das Christentum so grundsätzlich als ein Phänomen der Evolution kundgibt, dann wäre es unbegreiflich, wenn es dem individuellen Menschen keinen Raum für seine Weltalter währende Evolution geben würde. Einem Christentum ohne den Gedanken der wiederholten Erdenleben fehlt die ihm wesensmäßig zukommende universelle, die ganze Menschheit und ihre Evolution umfassende Gültigkeit. Somit wird auch offenbar, daß die Probleme und Phänomene des Christentums den bisherigen Bereich einer zeitgebundenen Religionsform weit überschreiten, daß es Probleme sind, die sich auf Welt-Entwicklungen beziehen. Evolution beginnt, sich als ein Phänomen des Christentums zu enthüllen, und das Christentum als ein Phänomen der Evolution. Die großen Wege von dem einen zum anderen Reich könnten nicht gegangen werden, wenn nicht ganz im Individuellen und in der Geschichte der Menschheit die Wege durch Leben, Sterben und Auferstehen des Jesus Christus schon gebahnt worden wären. Ohne die Christuswege in der Geschichte der Menschheit gäbe es für den Menschen nur Wege und Ziele, die seinem wahren Wesen fremd sind und ihm widersprechen.

Noch etwas sehr Wichtiges ist zu bedenken. Dieses Zurückbleiben und Ausscheiden ist beim Aufbau der Weltarchitektur nicht nur ein Verlust. Es ist ein unerläßliches, ein notwendiges Geschehen. Es kann das Vorurteil bestehen, diesen Prozeß nur als etwas Negatives zu empfinden. Wie positiv er auch sein kann, das zeigten die Naturreiche, das zeigt die ganze Erde, auf der wir gehen und die unsere eigene, zurückgelassene Vergangenheit ist. Dieses Geschehen muß auch als ein Opfer verstanden werden, das gebracht wurde, um dem Menschen eine Daseins-Stätte und Lebens-Umwelt zu schaffen. Außerdem hat jedes ausscheidende und zurückbleibende Reich auch noch seine eigene, ihm ganz spezifische Entwicklung, Ausformung und Welt-Bedeutung, ein ungeheurer Reichtum, eine Fülle von Erscheinungen, ohne welche die Welt arm, karg und dürr wäre. So mögen auch künftige Trennungen, künftiges Ausscheiden und Zurückbleiben nicht nur ein Opfer für die Weiterschreitenden, nicht nur ein tragisches Schicksal für die Zurückbleibenden sein, sondern darüber hinaus auch Bedeutung und unerläßliche Rollen im Gesamt der geistig-physischen Schöpfung haben, Rollen und Aufgaben, von denen wir nichts ahnen.

Doch ist auch wieder zu bedenken, daß die Reiche der Natur noch jenseits von Ichheit, Freiheit und Moralität stehen, die erst mit dem Menschen in den Schöpfungsprozeß eingeflossen sind. So können wir nicht wissen, welche unbekannten und dunklen Zukünfte und Schicksale damit verbunden sein werden, wenn das einmal erreichte Niveau verlorengeht, wenn sich dem Menschen das verschließt, wozu er einmal berufen war. Bei besonders hoch entwickelten und dem Menschen so ähnlichen Tieren kann einem das Tragische und Schicksalsschwere solcher Verluste schmerzlich zum Bewußtsein kommen. Denn sie gehören zu jenen Geschöpfen, die auf den Wegen zum heutigen Menschen erst spät die Anwartschaft zum Weiterschreiten verloren haben und andere Wege haben gehen müssen.[27]

Zu Beginn der Betrachtungen war unsere Frage immer wieder auf das Problem einer neuen diastolischen Phase gerichtet, die sich an die Systole der Menschheit anschließen und innerhalb ihrer Geschichte ereignen könnte. Wir fanden den ganz individuellen Weg über das Erscheinen der zwei Menschenkinder, der beiden Jesus-Knaben als den Vertretern der zwei Naturen. Das war der Beginn eines Weges, dessen Ziel der Jesus Christus ist. Und nun am Ende unserer Betrachtungen wird uns mit einem Male deutlich, daß aus der systolischen Einheit der

Menschheit noch eine ganz andere, umfassendere, große diastolische Phase herauswachsen kann und hervorgehen wird, die Trennung der heute noch einheitlichen Menschheit in zwei Menschen-Reiche. Jetzt sind es nicht mehr die beiden Naturen, in die sich die Wege gabeln, die Trennung geht nicht durch das Individuelle der Menschennatur, jetzt bezieht sich die Scheidung auf die Fülle der Menschen selber. Obere und untere Natur gewinnen einen anderen, umfassenderen Rang, hören auf, die Partner in der Zweinatur zu sein, sie werden der Anfang einer sich nach oben und nach unten hin entzweienden Menschheit. Die anfängliche diastolische Phase, das Erscheinen der beiden Menschenkinder, vollzieht sich noch ganz im Rahmen und Raum der Geschichte, in der großen systolischen Einheit des Menschenreiches. Im Gegensatz dazu hat die neue diastolische Trennung, die sich in Zukunft ereignen wird, einen ganz anderen kosmischen Rang. Hier vollzieht sich das schwer vorstellbare Ende der Geschichte und wird das noch schwerer vorstellbare Ende der Erdgeschichte eingeleitet.

Bei diesem Gedanken wird deutlich, wie sehr diese Probleme jeden Menschen unmittelbar angehen, wie sie seine eigene Zukunft und die der ganzen Menschheit betreffen. Worin aber besteht die »Offenheit«, die nötig ist, um an der künftigen Aufwärtsbewegung teilnehmen und teilhaben zu können? Was ist es, das diese Wege nach oben versperrt? Was kann vom Wesen dieser »Offenheit« gesagt werden, und zwar von den Voraussetzungen aus, die sich aus den Stilprinzipien ergeben? Es wäre vielleicht einfacher, sich die Auskunft und Antwort aus den heiligen Büchern der Christenheit zu holen, aus der Bibel. Aber es bedarf auch der Aussagen, die sich aus den ganz anderen Voraussetzungen unserer Erkenntniswege, aus den Stilprinzipien der Welt-Architektur selbst ergeben. Die höchste Stufe bisheriger Entwicklung ist die Individualität, ist das Ich. Seine innigste Verwandtschaft mit dem Menschen aller Menschen, mit dem Ich aller Iche, ist uns deutlich geworden. Pflege, Kultur und Arbeit an diesem Individuellen gehören zu dieser Offenheit. Stören, Zerstören, Auslöschen, Aufgeben dieser Stufe können keine Schritte nach oben bedeuten. Zur Ichheit gehört beides, unverwechselbare Eigenheit und Einmaligkeit verbunden mit universeller Gemeinsamkeit, also Brüderlichkeit und mitmenschliches Aufgeschlossensein aus der Kraft der Individualität. Das Ich als Wesensglied kennzeichnet uns alle als Glieder des einen Reiches, stiftet universellen Zusammenhang und Zusammengehörigkeit. Aber als Art, als Idee, als species sui generis, als Ich ist jeder die eine, einmalige und unaustauschbare Individualität. Das Individuelle und das Universelle gehören zusammen, ja, sie sind die beiden polaren Seiten der einen Sache. Je individueller der Mensch wird, um so universeller muß er werden. Darin liegt die Hinwendung zu den anderen und zu allem anderen, darin lebt die Bereitschaft und Fähigkeit, den anderen und das andere selbstlos und verstehend in sich aufzunehmen. Das Individuelle muß selbstlos werden, um anderem Selbst in sich Raum zu schaffen. Das aber ist Liebe. Wer diese Entwicklung des Ich und der Menschen will und an ihr arbeitet, der lebt und wirkt im Sinne der Offenheit. Dies alles ist uns aber urbildlich schon gezeigt in dem Leben des einen Menschen aller Menschen, des Jesus Christus.

Und noch etwas gehört zu der Offenheit, ohne die eine neue Zukunft nicht im rechten Sinne hervorgehen kann. Der schicksalhafte Zusammenhang von Mensch, Erde und Christus ist deutlich geworden. Wer diese Einsichten nicht in sein Denken, Umdenken und Handeln einbezieht, wer sich der Schöpfung gegenüber gleichgültig oder gar nur egoistisch, ausbeutend und zerstörend verhält, lebt nicht im Sinne dieser zu erwartenden und unerläßlichen Offenheit, ohne welche die rechte Zukunft nicht wachsen kann.

Daß es zu einer großen Scheidung kommen wird, ist uns in den heiligen Texten längst schon gesagt. Niemand kann und darf sich in Sicherheit wiegen oder hochmütig werden, aber niemand sollte pessimistisch werden, resignieren oder verzweifeln.

Nachwort

Überschau und Ausblick

Wir sind in den Kapiteln des Buches einen langen Weg gegangen, von den Reichen der Natur zum Reich des Menschen und von dort über sehr verborgene Zwischenstufen bis hin zum Jesus Christus als dem Beginn eines neuen Reiches und einer neuen Zukunft für Menschheit und Erde. Es war unsere Aufgabe, diese Schritte als Stufen, als Phasen eines Rhythmus zu verstehen.

Ist der Mensch die systolisch geeinte Zweinatur von Art-Exemplar und Ich, dann muß dieser Systole eine diastolische Phase vorausgegangen sein, und eine neue Diastole muß folgen. Vorausgegangen ist eine Getrenntheit der beiden Naturen, und auch die neu zu erwartende Diastole muß nun wieder die beiden Naturen als getrennte Partner zeigen. Wie muß aber eine neue diastolische Phase aussehen, eine neue Getrenntheit beider Naturen? Dieser Schritt ist nur dann wirklich neu, wenn er das fortsetzt, was in der gesamten Evolutionstendenz angelegt ist, was sich als Sammlung, Konvergenz und Individualisierung schon realisiert hat. In diesem Sinne ist aus der Vielheit der Menschen in jedem Falle eine sie überhöhende Einheit zu erwarten, ein Mensch aller Menschen, wie sich einst aus der Vielheit der Arten die eine Sonderart als Art aller Arten erhoben hat. Doch müssen wir folgendes bedenken: Ein Mensch aller Menschen bildet zwar mit den vielen Menschen eine diastolische Partnerschaft, doch sind beide Partner, der Eine und die Vielen von systolisch geeinter Zweinatur. Es stehen sich hier in dieser Partnerschaft nicht die beiden Naturen diastolisch getrennt gegenüber, sondern die Systole der Vielen zu der Systole des einen Menschen aller Menschen. Die Systole des Einen kann aber nicht unmittelbar aus der Systole der Vielen hervorgehen, es muß eine diastolische Phase vorausgegangen sein, und zwar die diastolische Vorstufe des einen Menschen aller Menschen. Bedenken wir weiter, daß diese vielen Menschen innerlich eine Zweiheit sind, daß es die Vielheit zweimal gibt, die Vielheit der Art-Exemplare und die Vielheit der Individualitäten, der Ich-Gestalten. Bei einer neuen diastolischen Phase muß also zweimal eine Einheit erscheinen, zwei verschiedene Menschen, der eine als ein besonderer Repräsentant der Ichnatur, der andere als ein besonderer Repräsentant der Hüllennatur. Diese beiden müssen sich als zusammengehörende Partner gegenüberstehen, zueinander passen, aufeinander hingeordnet sein und zur gleichen Zeit und im gleichen Raum geboren werden. Es muß eine Diastole sein, bei der beide Partner, beide Naturen der physisch und geschichtlich realen Wirklichkeit angehören. Auch das liegt im Sinne der konvergierenden Gesamttendenz. Denn in der ersten, vorausgehenden Diastole vor der Hominisation sind die beiden Partner noch auf zwei Dimensionen verteilt. Jetzt aber, bei der neuen Diastole, rücken sie beide zusammen in die eine Geschichtswirklichkeit. Einer der beiden Partner muß das entwicklungsgeschichtliche Novum sein, und der andere repräsentiert das schon Vorhandene. So ist es ja immer im Stufenbau der Architektur, das Neue fußt auf dem Alten.

In der Menschheit ist die Individualität die bisher höchste Stufe. Wenn es aber um einen neuen Evolutionsschritt geht, dann wird das Individuelle durch Rollenwechsel zum unteren Partner einer neuen Diastole. Der dazugehörende obere Partner kann also nicht die Stufe ichhafter Individualität sein, sondern er ist überraschenderweise das noch ichlose Exemplar, die Hülle, diese aber auf neuem und höchstem Niveau als die Hülle aller Hüllen. Auch der untere Partner ist nur einer, und auch dieser von besonderem Rang, aber noch nicht die Person aller Personen. Er repräsentiert noch nicht die Gesamtheit der Individualitäten, ist noch nicht das Ich aller Iche in einer Menschenhülle aller Hüllen. Und doch vertritt auch er eine Vielheit, die Vielheit seiner eigenen Individualität. Das ist aber nichts anderes als die Vielheit seiner Inkarnationen durch die Weltalter der Geschichte und Inkarnationen, die für den Gang der Menschheits-Entwicklung und für diese neue diastolische Phase von Bedeutung gewesen sind. Es ist ein

Mensch mit reifer und reichster Welterfahrung. Als solcher steht er auch in einem besonderen, polaren und ergänzenden Verhältnis zu seinem oberen Partner. Denn dieser als das Novum in der neuen Diastole ist noch ohne die Welt- und Geschichts-Erfahrung. Er ist der Repräsentant der Artnatur, ein Exemplar aller Exemplare, auch er nur Einer gegenüber den Vielen, doch als Hülle aller Hüllen repräsentiert er sie alle. Die Art geht auf diesem Weg voraus, das Reich wird ihr nachfolgen, so daß beide im Endziel wieder beisammen sind als die geeinte Zweinatur von Art und Reich, nun aber in der Gestalt einer einzigen menschlichen Individualität.

Auf die Systole Menschheit folgte also eine diastolische Phase, die Partnerschaft der zwei Menschen. Es war möglich, den Ablauf dieses Geschehens bis zu der neuen diastolischen Phase begründet zu entwikkeln. Doch nun kommt die große Schwierigkeit, wie aus der diastolischen Getrenntheit der beiden eine systolisch geeinte Zweinatur hervorgehen soll. Aus dem Rhythmus heraus muß ein Mensch aller Menschen erwartet werden, die Vorstufe zu einem neuen Reich. Und es muß in diesen Menschen aller Menschen Urbildhaftes eingegangen sein, so wie Urbildliches in die Art aller Arten eingegangen ist. Und dieses Urbildhafte kann nichts anderes sein als die Hülle aller Hüllen, das Exemplar aller Exemplare. Dieses steht als Einzelmensch allein und wartet auf Erfüllung mit einem Ich. Kann es denn ein anderes Ich sein als das Ich des unteren Partners in dieser neuen Diastole?! Trifft nicht alles zu, daß die neue, zu erwartende systolische Phase eines Menschen aller Menschen aus der Vereinigung dieser beiden Einzelmenschen hervorgegangen sein muß? Der Rhythmus hat uns nicht in eine Ausweglosigkeit geführt, sondern kann uns wach machen, das Unwahrscheinliche und kaum zu Verstehende doch als eine, wenn auch sehr geheimnisvolle Realität anzuerkennen.

Wir haben es bis jetzt vermieden, mit den einzelnen Phasen auch konkrete Namen zu verbinden. Doch diese Zurückhaltung ist nun nicht mehr nötig. Wir wissen, wer diese zwei, zunächst einmal ganz hypothetisch geforderten Menschen sind, wer sich hinter der neuen Diastole verbirgt, es sind die beiden Jesus-Kinder. Und wir wissen auch, wer dieser Mensch aller Menschen ist, dieser eine Mensch, der so rätselhaft aus den beiden zusammengewachsen ist, diese neue systolische Phase: Es ist der Jesus von Nazareth zwischen seinem zwölften und dreißigsten Lebensjahr. Und weiter wissen wir, daß er die Brücke zu dem neuen Reich des Christus ist. Und aus allem ergibt sich, daß mit dem Ende dieses individuellen Weges, mit Tod und Auferstehung des Jesus Christus, der Beginn einer neuen, universellen, kosmischen Evolution von Menschheit und Erde eingeleitet ist.

So haben wir noch einmal die Wege gezeigt, die uns in so vielen Kapiteln beschäftigt haben, versuchten, aus den Spuren das Wesen zu erkennen, das diesen Weg gegangen ist. Aber es ist durchaus nicht üblich und selbstverständlich, das Erscheinen des Christus auf der Erde und in der Geschichte im Zusammenhang mit den Schritten und Prinzipien der Evolution zu sehen und zu verstehen. Es kann dieser Versuch sogar als unchristlich und unbiblisch abgelehnt und zurückgewiesen werden. Doch der Prolog des Johannes-Evangeliums gibt uns vom neuen Testament her das Recht zu solcher Auffassung, wenn von dem Logos als von dem Urbeginn aller Schöpfung gesagt wird, daß er am Ende selbst in sein eigenes Werk einzieht. »Und das Wort ward Fleisch und wohnte unter uns...« (Joh. 1, 14).

Unbiblisch und unchristlich kann der Versuch nicht sein, das Werden der Welt und das Näherkommen und das schließliche Erscheinen des Christus in einem inneren Zusammenhang zu sehen. Die Inkarnation des Christus als Zentral-Ereignis der Erdgeschichte und Menschheits-Evolution darzustellen, gehört mit zum Kern und Herzstück der Anthroposophie Rudolf Steiners. Ganz unabhängig davon gibt es andere Darstellungen, das Erscheinen des Christus und die Evolution der Menschheit als einen inneren Zusammenhang zu zeigen.[28] In unserem Jahrhundert ist es der Jesuitenpater Teilhard de Chardin, der mit besonderer Eindringlichkeit vom Christus der Evolution gesprochen hat. Doch war unser Versuch nicht an der religiösen Tradition orientiert, sondern an den Strukturen der Schöpfung, an den Bau- und Stilgesetzen der Weltarchitektur, an der Stufen- und Schichtenfolge ihrer Reiche. Und wenn sich auch auf diesen Wegen gezeigt hat, daß die Zusammenhänge von Evolution und Christentum tatsächlich bestehen, dann ist es eine Bestätigung mehr, wie Christus-bezogen alles Weltenwerden, alle Evolution ist, wie evolutionsgeprägt das Christentum sein muß. Wenn man der Überzeugung ist, daß der Logos im Werden der Welt wirksam war, dann darf man auch die Gewißheit haben, daß er die Wege zu seiner Fleischwerdung mit vorbereitet hat.

*

In allen unseren Betrachtungen und Untersuchungen waren wir orientiert an Goethes Denkweise, an dem Rhythmus von Systole und Diastole, an den Prinzipien der Metamorphose und Steigerung, an den Verhältnissen von Trennen und Einen, Trennen des Geeinten und Einen des Getrennten. Auch das gehört zur Geistestat Rudolf Steiners, die Denk- und Forschungsweise Goethes für ein neues wissenschaftliches Denken aufgezeigt und weiterentwickelt zu haben. In besonders eindringlicher, anschaulicher und konzentrierter Gestalt hat Goethe diese eben genannten Phänomene schon in seiner »Metamorphose der Pflanzen« dargestellt. Die Beschäftigung mit ihr ist eine gute und notwendige Vorbereitung, die gleichen Phänomene und Probleme auf anderen Seinsstufen und in ganz anderen Wirklichkeitsbereichen wiederzuerkennen. Einige Distichen aus dem Gedicht zur »Metamorphose der Pflanzen« geben das unübertrefflich und bündig geformt wieder:

Jede Pflanze verkündet dir nun die ew'gen Gesetze,
Jede Blume sie spricht lauter und lauter mit dir.

Aber entzifferst du hier der Göttin heilige Lettern,
Überall siehst du sie dann auch in verändertem Zug:

Kriechend zaudre die Raupe, der Schmetterling eile geschäftig,
Bildsam ändre der Mensch selbst die bestimmte Gestalt.

Unsere Aufgabe war es, der »Göttin heilige Lettern« in immer neuem und verändertem Zug zu verfolgen und wiederzuerkennen und verstehend zu lesen. Wo Natur und Kunst, wissenschaftliches Denken und künstlerische Gesinnung sich so durchdringen, da können Vorbehalte, die man gegenüber einer »Christologie der Evolution« haben mag, überwindlich sein. Was der Intellekt als Naturgesetze formuliert, als Gestaltprinzipien beschreibt, das sind doch die »heiligen Lettern« der Göttin, sind die »gottgedachten Spuren, die sich erhalten...«, sind die ewigen Gesetze, die trotz aller und in allen Metamorphosen doch »im Geheimen das Urbild« bewahren. Hier sehen wir die göttlich schaffenden Mächte immer noch am Werk, sie geben uns Gelegenheit, ihr Werk nachzudenken, mitzudenken, weiterzudenken und an der Zukunft mitzuarbeiten.

Die Zusammenhänge, die sich uns gezeigt haben, sind von erhabener Majestät, Größe und Tiefe, die immer wieder Staunen, Bewunderung und Ehrfurcht wecken. So dürfen wir das oft Mühsame und Steinige der Wege und Umwege vergessen, weil das Erlebnis des Großen und Erhabenen bleibt. So werden wir uns mit neuer Aufmerksamkeit und innerer Anteilnahme geistig gestärkt all dem zuwenden, was in heiligen Texten und Traditionen immer schon zu uns gesprochen worden ist, und wir werden uns besonders dankbar dem zuwenden, was aus neuer Geistesquelle, aus der Anthroposophie Rudolf Steiners geschenkt wurde und zur weiteren Arbeit anvertraut worden ist.

ANHANG

Anmerkungen

1 *Rudolf Bubner*, Evolution – Reinkarnation – Christentum, Stuttgart 1975
2 In den Kapiteln 3 und 4 wird dieser Gedanke noch ausführlich begründet.
3 *Nicolai Hartmann*, Philosophie der Natur, Berlin 1950, 51. Kapitel »Das Leben der Art«, S. 602: »Die lebende Art ist ein Lebewesen höherer Ordnung, ist ein lebendes Individuum großen Stils. Das Stammesleben hat Individualität, und zwar in einem strengeren Sinne als das Leben der Individuen; denn diese sind viele, das Stammesleben aber ist wirklich ein einziges.«
4 *Teilhard de Chardin*, Der Mensch im Kosmos, München 1959, S. 149: »Der Mensch... ist – ein Tier unter anderen – durch seine Anatomie so wenig von den Anthropoiden zu trennen, daß die modernen zoologischen Klassifikationen auf die Stellungnahme Linnés zurückkommen, um ihn mit jenen in die gemeinsame Überfamilie der Hominiden mit einzuschließen. Doch ist er nicht gerade etwas völlig anderes, sofern man nach den biologischen Folgen seines Auftretens urteilt? Morphologisch kaum merklicher Sprung und zugleich unglaubliche Erschütterung der Lebenssphären: das ganze Paradox des Menschen... Und damit auch der volle Beweis, daß die Wissenschaft in ihrem gegenwärtigen Weltbild einen wesentlichen Faktor, oder besser gesagt eine ganze Dimension des Universums vernachlässigt.«
5 Goethes Farbenlehre, hrsg. von Hans Wohlbold, Jena 1928, § 739: »Treue Beobachter der Natur, wenn sie auch sonst noch so verschieden denken, werden doch darin miteinander übereinkommen, daß alles, was erscheinen, was uns als ein Phänomen begegnen solle, müsse entweder eine ursprüngliche Entzweiung, die einer Vereinigung fähig ist, oder eine ursprüngliche Einheit, die zur Entzweiung gelangen könne, andeuten und sich auf eine solche Weise darstellen. Das Geeinte zu entzweien, das Entzweite zu einigen, ist das Leben der Natur; dies ist die ewige Systole und Diastole, die ewige Synkrisis und Diakrisis, das Ein- und Ausatmen der Welt, in der wir leben, weben und sind.«
6 Aus der Fülle möglicher Zitate seien nur diese beiden ausgewählt:
Joachim Illies, Schöpfung oder Evolution, Zürich 1979, S. 94: »Damit aber ist der Weg geebnet, auf dem wir auch im Bereich der Biologie zum komplementären, die Gegensätze von Darwinsleiter und Jakobsleiter umgreifenden Verständnis der Wirklichkeit aufbrechen können! Beides ist also wahr – der Weg der biologi-

schen Evolution, in dem die Materie sich in die Sphären des Geistes erhebt, und die religiöse Evolution, in der der Geist in die Tiefen der Materie absteigt.« Ebd., S. 97: »Die beiden Richtungen der Aszendenz und Deszendenz, der naturwissenschaftlichen und der geistigen Abstammungsgewißheiten, sind zwar entgegengesetzt, aber sie heben sich in ihrem Wirken nicht auf, sondern sie bedingen und erstreben sich gegenseitig, wo sie im Lebensprozeß zusammentreffen: ›Geist und Leben sind aufeinander hingeordnet‹ (Max Scheler).«

7 *Arthur Schopenhauer*, Die Welt als Wille und Vorstellung, München 1912/13, § 46: »Es gehört... zum Auszeichnenden der Menschheit, daß bei ihr der Charakter der Gattung und der des Individuums auseinandertreten, so daß... jeder Mensch gewissermaßen eine ganz eigentümliche Idee darstellt. ...«
»... weil das menschliche Individuum als solches gewissermaßen die Dignität einer eigenen Idee hat und der Idee der Menschheit es eben wesentlich ist, daß sie sich in Individuen von eigentümlicher Bedeutsamkeit darstellt.«

8 *Teilhard de Chardin*, Der Mensch im Kosmos, München 1959, S. 159/60: »Das Lebewesen in seinem Verhältnis zur Art nimmt an Wert zu. Beim Menschen angelangt, überstürzt sich das Phänomen schließlich und gewinnt seine endgültige Gestalt. Mit der Persönlichkeit, die durch die ›Personalisation‹ mit unbegrenzten Möglichkeiten individueller Entwicklung begabt wurde, hört der Zweig in seiner anonymen Gesamtheit auf, ausschließlicher Träger der Versprechungen für die Zukunft zu sein. Die Zelle (das Individuum) ist ›jemand‹ geworden.«

9 *Johann Gottfried Herder*, Ideen zur Philosophie der Geschichte der Menschheit, Berlin 1887, 2. Buch, Kapitel 4, S. 68: »Man könnte, wenn man die ihm nahen Tierarten mit ihm vergleicht, beinahe kühn werden zu sagen: Sie seien gebrochene und durch katoptrische Spiegel [Katoptrik = Lehre von der Reflexion des Lichtes] auseinandergeworfene Strahlen seines Bildes. Und so können wir... annehmen, daß der Mensch ein Mittelgeschöpf unter den Tieren, d. h. die ausgearbeitete Form sei, in der sich die Züge aller Gattungen um ihn her im feinsten Inbegriff sammeln.«
Ebd., S. 71: »Je näher ihm [dem Menschen] desto mehr zog sie [die Natur, die Schöpfung] Klassen und Radien zusammen, um in seinem, dem heiligen Mittelpunkt der Erdenschöpfung was sie kann zu vereinen. Freue dich deines Standes oh Mensch und studiere dich, edles Mittelgeschöpf, in allem, was um dich lebt.«
Herders Gedanken enthalten beides, einmal die Idee, daß die Tiere der zerstreute Mensch sind, und dann die andere Idee, daß der Mensch die zur harmonischen Einheit zusammengefaßte und zusammengedrängte tierische Typenmannigfaltigkeit ist. Es sind die gleichen Verhältnisse, wie sie in der Gegenüberstellung von Sonderart und Arten-Vielfalt wiederkehren. Vgl. auch Kapitel XX in: *Rudolf Bubner*, Evolution, Reinkarnation, Christentum, Stuttgart 1975, S. 141ff.

Herder, Ideen zur Philosophie der Geschichte der Menschheit, 5. Buch, Kapitel VI: »Der jetzige Zustand der Menschen ist wahrscheinlich das verbindende Mittelglied zweener Welten.«

»Wenn also der Mensch die Kette der Erdorganisation als ihr höchstes und letztes Glied schloß, so fängt er auch eben dadurch die Kette einer höheren Gattung von Geschöpfen als ihr niedrigstes Glied an; und so ist er wahrscheinlich der Mittelring zwischen zwei ineinandergreifenden Systemen der Schöpfung... Also muß ihm eine Stufe bevorstehen, die so dicht an ihm und doch über ihm so erhaben ist, als er, mit dem edelsten Vorzug geschmückt, ans Tier grenzet.«

10 Glückliches Ereignis, in: Goethes morphologische Schriften, hrsg. von Wilhelm Troll, Jena o. J.

11 Was über das Besondere der Menschen-Art gesagt werden kann, ist lebendig und klar ausgesprochen in einem Vers zum Tierkunde-Unterricht der Waldorfschule. Tierarten und Tiergruppen haben in charakteristischen Versen ihr Wesen ausgesprochen und stellen sich zum Schluß in einem Kreis zusammen. Dabei sprechen sie folgenden Vers:

So stehen wir im Kreise hier,
Den Mittelpunkt erstreben wir,
Wir alle groß und klein und wild
Sind Strahlen von dem einen Bild.
Und unser vielerlei Gestalten,
Im Menschen sind sie all enthalten,
Unsichtbar steht er in der Mitte:
O Mensch, so höre ihre Bitte,
Sei ihnen allen Helfer, treuer,
Dem Raubtier, Nager, Wiederkäuer.

In dieser zuletzt genannten Dreiheit von Raubtier, Nager und Wiederkäuer ist auch die Dreiheit der menschlichen Organisation enthalten: die Nager als besondere Vertreter der Kopforganisation, also des Sinnes-Nervensystems, die Raubtiere als Vertreter der mittleren, der rhythmischen Organisation von Brust, Atmung und Herzschlag. Und in den Wiederkäuern begegnet uns ganz besonders der Typus der Stoffwechsel-Gliedmaßen-Organisation. Es sind also nicht nur die vielen Arten, sondern gemeint sind auch größere Gruppen, zu denen die vielen Arten gehören. Sie alle sind im Menschen zu einer einzigen Gestalt harmonisch vereinigt.

Elisabeth Klein, Einleitung zu einer »Scene aus der Tierkunde«, in: Erziehungskunst (Dez. 1935 – Febr. 1936)

12 *Nicolai Hartmann*, Einführung in die Philosophie, Göttingen 1949, S. 121/122

13 Vgl. Kapitel V und X in: *Rudolf Bubner*, Evolution, Reinkarnation, Christentum, Stuttgart 1975

14 *Rudolf Bubner*, Evolution, Reinkarnation, Christentum, Stuttgart 1975

15 *Emil Bock*, Kindheit und Jugend Jesu, Stuttgart ^{6}1979

16 *Rudolf Steiner*, Die geistige Führung des Menschen und der Menschheit, GA 15; *Rudolf Steiner*, Das Lukas-Evangelium, Zehn Vorträge vom 15. – 26.9. 1909, GA 114

17 *Hella Krause-Zimmer*, Die zwei Jesusknaben in der bildenden Kunst, Stuttgart 1969, S. 7; ebd. über die Kumran-Texte S. 116f. *Friedrich Hiebel*, Bibelfunde und Zeitgewissen. Die Schriftrollen vom Toten Meer im Lichte der Christologie Rudolf Steiners, Dornach 1959

18 *Emil Bock*, Kindheit und Jugend Jesu, Stuttgart ^{1}1939, S. 68

Die Lösung dieser tiefen und schwierigen christologischen Rätsel ist der Geistesforschung Rudolf Steiners zu verdanken. Emil Bock hat Steiners Mitteilungen und Forschungsergebnisse in selbständiger und übersichtlicher Weise entwickelt. Im Jahr 1980 wurde das Buch von Bock ins Italienische übersetzt und auch in einer vatikanischen Zeitung besprochen, vgl. *Dora Baker*: Eine Stimme aus Città del Vaticano zu Emil Bocks »Kindheit und Jugend Jesu«, in: Das Goetheanum, 9. Mai 1976.

Aus der Besprechung seien einige Sätze wiedergegeben: »Wir stehen vor zwei verschiedenen Abstammungen, entweder irren die Evangelien, und das wäre ein absurder Gedanke, oder wir haben es mit der Ahnenreihe von zwei verschiedenen Menschen zu tun.«

»Die Erklärung des Geheimnisses, das mit Jesus verbunden ist, liegt in der Geburt von zwei Knaben, die beide denselben Namen tragen; an einem bestimmten Zeitpunkt verschwand eines dieser Kinder, um dem anderen die Möglichkeit zu geben, das göttliche Schicksal des Christus zu vollziehen.«

Man wird auch mit Staunen lesen und sehen, welche Hinweise die Malerei zu den Fragen geben kann, umfassend dargestellt in dem Buch von *Hella Krause-Zimmer*, Die zwei Jesusknaben in der bildenden Kunst, Stuttgart 1969.

19 In Kapitel 10 wurden wir schon auf dieses Problem aufmerksam, stellten es aber zurück.

20 *Rudolf Steiner*, Aus der Akasha-Forschung. Das Fünfte Evangelium, Vortrag vom 17.12.1913, GA 148

21 *Rudolf Steiner*, Aus der Akasha-Forschung. Das Fünfte Evangelium, Vortrag vom 8.12.1913, GA 148; *Emil Bock*, Jesu Abschied von der Mutter, in: Kindheit und Jugend Jesu, Stuttgart ^{1}1939, S. 148

22 Vgl. *Friedrich Hiebel*, Rudolf Steiner im Geistesgang des Abendlandes, Stuttgart 1975, Kapitel VI, Die Leibwerdung des Logos

Emil Bock, Die Drei Jahre, Stuttgart 1957, S. 37/38:

»Als die christlichen Theologen, wie das z. B. auf dem Konzil von Nicäa im Jahre 325 geschah, bereits in abstrakt verschwimmender Weise darüber stritten, ob Christus göttlicher oder menschlicher Natur sei, gab es doch immer noch solche

Denker, die aus konkret unterscheidender Geistanschauung etwas sagen konnten über das Verhältnis zwischen dem Menschlichen und dem Göttlichen im Wesen des Christus-Jesus nach der Jordantaufe. Aber damals erregten solche konkreten Aussagen, durch die das Geheimnis der Inkarnation Christi noch einmal aus dem immer dichter werdenden Nebel hervorleuchtete, bereits Furcht und Schrecken. Man wollte nicht zugeben, daß nur auf diesem Wege die lebendige Christus-Erkenntnis, die in den drei urchristlichen Jahrhunderten lebendig gewesen war, gerettet werden konnte. Und so wurden diejenigen, die mit solchen konkreten Schilderungen hervortraten, als Ketzer verdammt. Unter ihnen ragt Apollinaris von Laodicea hervor. Im Anschluß an das alte Wissen vom dreigliedrigen Menschenwesen, wie es auch aus den Paulus-Briefen herausleuchtet, führte er aus, die leibliche und die seelische Hülle, Sarx und Psyche seien menschlich gewesen. In diesen Hüllen aber habe statt des menschlichen Geistes Nus der göttliche Logos gewohnt.«

23 *Rudolf Steiner*, Das esoterische Christentum und die geistige Führung der Menschheit, Vortrag vom 9. 1. 1912, GA 130

24 *Rudolf Steiner*, Theosophie, GA 4; *Rudolf Steiner*, Die Geheimwissenschaft im Umriß, GA 13

25 *Rudolf Bubner*, Evolution, Reinkarnation, Christentum, Stuttgart 1975, S. 207–210

26 Ebd., S. 63–70 und 29–35

27 Hier sei an den Satz aus dem Credo der Christengemeinschaft erinnert: »Er wird einst sich vereinen zum Weltenfortgang mit denen, die er durch ihr Verhalten dem Tode der Materie entreißen kann.«

28 *Ernst Benz*, Schöpfungsglaube und Endzeiterwartung, München 1965; *Ernst Benz*, Der Übermensch, Zürich 1961

Literaturverzeichnis

Adler, Gerhard, Seelenwanderung und Wiedergeburt. Leben wir nicht nur einmal? Freiburg 1977

Baker, Dora, Eine Stimme aus Città del Vaticano zu Emil Bocks »Kindheit und Jugend Jesu«
In: Das Goetheanum, 9. Mai 1976

Benz, Ernst, Schöpfungsglaube und Endzeiterwartung. Antwort auf Teilhards de Chardin Theologie der Evolution
München 1965

Benz, Ernst, Der Übermensch. Eine Diskussion
Zürich 1961

Berger, Sonja, Der Weg der Christus-Wesenheit in der Darstellung Rudolf Steiners. Skizzenhafter Versuch einer Zusammenfassung
Privatdruck Dr. Sonja Berger, Fontanestraße 31, D-3550 Marburg/Lahn

Blechschmidt, Erich, Sein und Werden. Die menschliche Frühentwicklung
Stuttgart 1982

Bock, Emil, Kindheit und Jugend Jesu
Stuttgart ^{1}1939, ^{6}1979

Bock, Emil, Die Drei Jahre
Stuttgart ^{6}1981

Bock, Emil, Paulus
Stuttgart ^{4}1981

Bubner, Rudolf, Über Stufenordnungen in Natur und Mensch und ihre Architekturen
In: Die Drei, 3 (1957)

Bubner, Rudolf, Hundert Jahre nach Darwin: Pierre Teilhard de Chardin
In: Die Drei, 4 (1962)

Bubner, Rudolf, La question laissée ouverte par Teilhard de Chardin: la réincarnation
In: Triade (1962/63)

Bubner, Rudolf, Die offene Frage im Evolutionsbild Teilhards de Chardin
In: Die Drei, 1 (1963)

Bubner, Rudolf, Innerlichkeit und Verinnerlichung. Probleme der Evolution
In: Die Drei, 3 (1963)

Bubner, Rudolf, Teilhard de Chardin als Grundlage einer Diskussion
In: Die Drei, 3 (1964)
Bubner, Rudolf, Evolution und Reinkarnation. Der fehlende Schluß-Stein im Werk Chardins
In: Blätter für Anthroposophie 7/8 (1965)
Bubner, Rudolf, Evolution und Reinkarnation. Ein Dialog mit Teilhard de Chardin
Freiburg i. Br. 1966
Bubner, Rudolf, Der Mensch und seine zwei Naturen, Evolution, Kreation, Reinkarnation
In: Perspektiven der Zukunft, Freiburg i. Br. 1971/1
Bubner, Rudolf, Evolution, Reinkarnation, Christentum
Stuttgart 1975
Chardin, Teilhard de, Der Mensch im Kosmos
München 1959
Dilschneider, Otto A., Christus Pantokrator, Vom Kolosserbrief zur Ökumene
Berlin 1962
Drummond, Henry, Das Naturgesetz in der Geisteswelt
1983
Edwards, Ormond, Chronologie des Lebens Jesu und das Zeit-Geheimnis der drei Jahre. Neue Gesichtspunkte zur Datierung seiner Geburt
Stuttgart 1978
Frieling, Rudolf, Christentum und Wiederverkörperung
Stuttgart 1974
Goethes Farbenlehre, hrsg. von Hans Wohlbold
Jena 1928
Goethes morphologische Schriften, hrsg. von Wilhelm Troll
Jena o. J.
Grosse, Rudolf, Das Wesen Anthroposophie. Wege zum Ursprungsquell der Menschheitsführung
Dornach/Schweiz 1982
Hartmann, Nicolai, Einführung in die Philosophie
Göttingen 1949
Hartmann, Nicolai, Philosophie der Natur
Berlin 1950
Heitler, Walter, Die Natur und das Göttliche
Zug 1974
Herder, Johann Gottfried, Ideen zur Philosophie der Geschichte der Menschheit
Berlin 1887
Hiebel, Friedrich, Bibelfunde und Zeitgewissen. Die Schriftrollen vom Toten Meer im Lichte der Christologie Rudolf Steiners
Dornach 1959

Hiebel, Friedrich, Rudolf Steiner im Geistesgang des Abendlandes
Stuttgart 1975
Illies, Joachim, Schöpfung oder Evolution. Ein Naturwissenschaftler zur Menschwerdung
Zürich 1979
Kelber, Wilhelm, Der Menschensohn
Stuttgart 1967
Kelber, Wilhelm, Die Logoslehre von Heraklit bis Origenes
Stuttgart 1958
Kipp, Friedrich A., Höherentwicklung und Menschwerdung
Stuttgart 1948
Krause-Zimmer, Hella, Die zwei Jesusknaben in der bildenden Kunst
Stuttgart 1969
Krause-Zimmer, Hella, Doppelte Messias-Erwartung auch in der rabbinischen Tradition
In: Mitteilungen aus der anthroposophischen Arbeit in Deutschland, Nr. 146
Kürten, Oskar, Der Sohnesgott, der Logos und die Trinität
Basel 1971
Kürten, Oskar, Der Sonnengeist Christus in der Darstellung Rudolf Steiners
Basel 1967
Kürten, Oskar, Jesus von Nazareth. Ein Beitrag zum Verständnis des Jesus-Geheimnisses
Mit Anhang: Der Menschensohn und der kosmische Christus
Basel 1973
Lapide, Pinchas E., Ökumene aus Christen und Juden
Neukirchen 1972
Lauer, Hans Erhard, Die dreifache Bedeutung des Christus-Ereignisses in der Darstellung Rudolf Steiners
Stuttgart 1964
Lauer, Hans Erhard, Die Anthroposophie und die Zukunft des Christentums
Stuttgart 1966
Lauer, Hans Erhard, Grundgeheimnisse des Christentums in anthroposophischer Beleuchtung
Dornach/Schweiz 1974
Lauenstein, Diether, Der Messias. Eine Biblische Untersuchung
Stuttgart 1971
Lüth, Paul, Der Mensch ist kein Zufall. Umrisse einer modernen Anthropologie
Stuttgart 1981
Poppelbaum, Hermann, Mensch und Tier. Fünf Einblicke in ihren Wesensunterschied
Dornach 1956
Poppelbaum, Hermann, Schicksalsrätsel. Verkörperung und Wiederverkörperung
Dornach 1959

Poppelbaum, Hermann, Entwicklung, Vererbung und Abstammung
Dornach 1961
Stieglitz, Klaus von, Die Christosophie Rudolf Steiners. Voraussetzungen, Inhalt und Grenzen
Witten-Ruhr 1955
Schad, Wolfgang, Säugetiere und Mensch. Zur Gestaltbiologie vom Gesichtspunkt der Dreigliederung
Stuttgart 1971
Schopenhauer, Arthur, Die Welt als Wille und Vorstellung
München 1912/13
Steiner, Rudolf, Das Christentum als mystische Tatsache und die Mysterien des Altertums
GA 8
Steiner, Rudolf, Theosophie
GA 9
Steiner, Rudolf, Die Geheimwissenschaft im Umriß
GA 13
Steiner, Rudolf, Die geistige Führung des Menschen und der Menschheit
GA 15
Steiner, Rudolf, Das Johannes-Evangelium
Vorträge vom 18.–31.5.1908, GA 103
Steiner, Rudolf, Das Lukas-Evangelium
Vorträge vom 15.–26.9.1909, GA 114
Steiner, Rudolf, Das Matthäus-Evangelium
Vorträge vom 1.–12.9.1910, GA 123
Steiner, Rudolf, Das esoterische Christentum und die geistige Führung der Menschheit
Vorträge aus den Jahren 1911 und 1912, GA 130
Steiner, Rudolf, Von Jesus zu Christus
Vorträge vom 4.–14.10.1911, GA 131
Steiner, Rudolf, Die Evolution vom Gesichtspunkte des Wahrhaftigen
Vorträge vom 31.10.–5.12.1911, GA 132
Steiner, Rudolf, Aus der Akasha Forschung. Das Fünfte Evangelium
Vorträge aus den Jahren 1913 und 1914, GA 148
Wagner, Reinhard, Die unbekannten Jahre Jesu
Stuttgart 1969